道徳科授業サポートBOOKS

考え，議論する
道徳科授業の
新しいアプローチ
10

諸富 祥彦 編著

明治図書

はじめに

　道徳が教科になり，授業にも様々な工夫が求められるようになりました。
　これまでの「教師が価値を教える道徳」から，「子ども自身が考え，話し合い，主体的に学ぶ道徳」への転換が求められるようになったのです。
　新しい学習指導要領にも，問題解決的な学習，体験的な学習などの様々な工夫を行う必要が示されています。
　では，日本の道徳授業には，これまでこうした工夫はなされてこなかったのでしょうか。
　そんなことはありません。
　日本の道徳授業ではこれまでにも，「子ども自身が考え，話し合い，主体的に学ぶ道徳」のための様々なアプローチがとられてきました。
　本書には，そのアプローチが具体的に，しかも10も，示されています。

「問題解決型道徳」
「構成的グループエンカウンター」
「モラルスキルトレーニング」
「モラルジレンマ」
「総合単元的道徳学習」
「批判的吟味を生かした統合道徳」
「『学び合い』道徳」
「ソーシャルスキルトレーニング」
「パッケージ型ユニット」
「ウェビング」

　この１冊だけで，これほど多くの「道徳授業の新しいアプローチ」を一挙に学ぶことができるのです！

これは，お得です！
　しかも，ここに示されているアプローチのいずれもが「主体的」で「対話的」で「深い学び」を可能にするものばかりです。
　まずこの本で，どんなアプローチがあるのかを知った上で，各論を学ばれるとよいでしょう。
　しかも，各アプローチについて，それぞれの理論とともに典型的な実践例が示されています。
　「これは面白そう！」と思われたものがあったら，ぜひ気軽に模倣することからはじめてください。
　まずは，自分でやってみて，その後で，これからもそのアプローチの授業をするかどうか，決めればよいのです！
　さぁ，新しい道徳授業をはじめましょう！

　　　　　　　　　　　　　　　　　　　　　　　　　　　　諸富　祥彦

目次

はじめに

第1章　新しいアプローチで道徳科の授業を始めよう！

新しい道徳へのアプローチで，子どものどんな力を育てるのか ……… 12

1. 「よく考えること」「よく話し合うこと」「実際に行為すること」が，日本人の道徳性の弱点であり課題である
2. 多面的・多角的に物事を考えることで，道徳性の本質が育つ
3. 問題解決に向けて必死に考え，話し合うことを通して，真の道徳的人格＝「不動の道徳的意志」をもち生きる人間が育つ
4. 道徳的心情か，道徳的判断か
5. 内側に響かせることで思考の深化が内面性の育成につながる
6. ワークシートに書く「自己内対話」の時間を確保しよう。「聴き合い」を軸として授業を展開しよう

第2章　道徳科の新しいアプローチ〈理論＋実践〉

アプローチ　1

問題解決型道徳の理論 ……… 22

1. 三種類の道徳的問題

2. 子どもの応答性を刺激し引き出すような力をもった教材を用意し，インパクトのある形で提示すること
3. 問題解決的な道徳授業の基本型 ―選択肢「その他」が決め手―
4. 「問題解決型授業」の3タイプ ―「二者択一型」「選択肢提示型」「無選択肢型」―
5. 「できることには何があるか」を考えさせ，話し合わせることが問題解決型の授業のポイント

問題解決型道徳の実践（小学校） 28
1. アプローチの魅力と授業のねらい　2. 教材の概要（あらすじ）
3. 授業の実際　　　　　　　　　　4. まとめ

問題解決型道徳の実践（中学校） 32
1. アプローチの魅力と授業のねらい　2. 教材の概要（あらすじ）
3. 授業の実際

アプローチ　2

構成的グループエンカウンターの理論 36
1. 日本の学校教育において最も使われている心理学的な「体験的学習」＝エンカウンター
2. エンカウンターとは
3. エンカウンターの基本的な流れ
4. なぜ，道徳でエンカウンターか ―体験学習による「道徳的価値の実感的理解」―
5. エンカウンターによる道徳授業の3パターン
6. 道徳でエンカウンターをおこなう場合の留意点

構成的グループエンカウンターの実践（小学校） 42
1. アプローチの魅力と授業のねらい　2. 教材の概要（あらすじ）
3. 授業の実際　　　　　　　　　　4. まとめ

構成的グループエンカウンターの実践（中学校） 46
1. アプローチの魅力と授業のねらい　2. 教材の概要（あらすじ）
3. 授業の実際　　　　　　　　　　4. まとめ

アプローチ 3

モラルスキルトレーニングの理論　50
1．モラルスキルトレーニングとは　　2．授業のねらい
3．授業プランの基本パターン　　4．授業のポイントと留意点

モラルスキルトレーニングの実践（小学校）　56
1．アプローチの魅力と授業のねらい　2．教材の概要（あらすじ）
3．授業の実際　　4．まとめ

モラルスキルトレーニングの実践（中学校）　60
1．アプローチの魅力と授業のねらい　2．教材の概要（あらすじ）
3．授業の実際　　4．まとめ

アプローチ 4

モラルジレンマ授業の理論　64
1．コールバーグ理論とは　　2．授業のねらい
3．授業の基本パターン　　4．授業のポイントと留意点

モラルジレンマ授業の実践（小学校）　70
1．アプローチの魅力と授業のねらい　2．教材の概要（あらすじ）
3．授業の実際　　4．まとめ

モラルジレンマ授業の実践（中学校）　74
1．アプローチの魅力と授業のねらい　2．教材の概要
3．授業の実際　　4．まとめ

アプローチ 5

総合単元的道徳学習の理論 78
 1．総合単元的道徳学習とは何か   2．総合単元的道徳学習が目指すもの
 3．総合単元的道徳学習を構想する手順   4．これからの総合単元的道徳学習の課題

総合単元的道徳学習の実践（小学校） 84
 1．アプローチの魅力とねらい   2．単元の指導構想
 3．総合単元的道徳学習の授業の実際   4．まとめ

総合単元的道徳学習の実践（中学校） 88
 1．アプローチの魅力と授業のねらい   2．教材の概要（あらすじ）
 3．授業の実際   4．まとめ

アプローチ 6

批判的吟味を生かした統合道徳の理論 92
 1．易行道としての統合道徳   2．道徳授業のポイント
 3．「批判的吟味」のある道徳授業   4．受容・伝達・創造

批判的吟味を生かした統合道徳の実践（小学校） 98
 1．アプローチの魅力と授業のねらい   2．教材の概要（あらすじ）
 3．授業の実際   4．まとめ

批判的吟味を生かした統合道徳の実践（中学校） 102
 1．アプローチの魅力と授業のねらい   2．教材の概要（あらすじ）
 3．授業の実際   4．まとめ

アプローチ　7

『学び合い』道徳の理論 …… 106
1. 『学び合い』道徳とは
2. 授業のねらい
3. 授業プランの基本パターン
4. 授業のポイントと留意点

『学び合い』道徳の実践（小学校） …… 112
1. アプローチの魅力と授業のねらい
2. 教材の概要（あらすじ）
3. 授業の実際
4. まとめ

『学び合い』道徳の実践（中学校） …… 116
1. アプローチの魅力と授業のねらい
2. 教材の概要
3. 授業の実際
4. まとめ

アプローチ　8

ソーシャルスキルトレーニングの理論 …… 120
1. ソーシャルスキルとは
2. ソーシャルスキルトレーニングとは
3. ソーシャルスキルトレーニングを支える教え方
4. ソーシャルスキルトレーニングの授業のねらい
5. 授業プランの基本パターン

ソーシャルスキルトレーニングの実践（小学校） …… 126
1. アプローチの魅力と授業のねらい
2. 授業の実際
3. まとめ

ソーシャルスキルトレーニングの実践（中学校） …… 130
1. アプローチの魅力と授業のねらい
2. 授業の実際
3. まとめ

アプローチ 9

パッケージ型ユニットの理論 　134
1．パッケージ型ユニットによる道徳科授業とは
2．パッケージ型ユニットの構成方法と留意点
3．パッケージ型ユニットが効果的な学習プロセス

パッケージ型ユニットの実践（小学校）　140
1．アプローチの魅力と授業のねらい　　2．教材の概要（あらすじ）
3．授業の実際　　　　　　　　　　　　4．まとめ

パッケージ型ユニットの実践（中学校）　144
1．アプローチの魅力と授業のねらい　　2．教材の概要（あらすじ）
3．授業の実際（第3時を中心に）　　　 4．まとめ

アプローチ 10

ウェビングを活用した道徳授業の理論　148
1．ウェビングを活用した道徳授業とは　2．授業のねらい
3．授業プランの基本パターン　　　　　4．授業のポイントと留意点

ウェビングを活用した道徳授業の実践（小学校）　154
1．ウェビングを活用する魅力とポイント　2．教材の概要（あらすじ）
3．授業の実際　　　　　　　　　　　　　4．まとめ

ウェビングを活用した道徳授業の実践（中学校）　158
1．ウェビングの魅力と授業のねらい　　2．教材の概要（「白玉しるこ」あらすじ）
3．授業の実際　　　　　　　　　　　　4．まとめ

第1章

新しいアプローチで道徳科の授業を始めよう！

新しい道徳へのアプローチで，子どものどんな力を育てるのか

1 「よく考えること」「よく話し合うこと」「実際に行為すること」が，日本人の道徳性の弱点であり課題である

「教える道徳」から「考え，議論する道徳授業」への転換が今，日本の道徳授業には求められています。

なぜ，こうした転換が必要なのでしょうか。

それは，そうすることで今の日本人に欠けている道徳の「資質・能力」（コンピテンシー）を育てることができるからです。

道徳の基本的なコンピテンシーの一つは，自発的な道徳感情です。

たとえば，みんなから仲間外れにされている人を見て「かわいそう」と思い，「いっしょにやりましょう」と声をかけたくなる。

あるいは，電車の中で一人よろよろしながら立っているお年寄りを見て，「かわいそう」と思い，「席をかわってあげなくては」と思う。

また，以前実際に私自身が経験したことなのですが，駅前を歩いていると見知らぬある若者から，困ったような顔で「100円いただけませんか」と言われました。こうした時，もちろんその若者の態度にもよるでしょうが，自分に手持ちの現金があれば，とっさに渡してあげたくなるでしょう。

こうした「自然発生的な道徳感情」＝「思いやり」の情が，道徳の根幹の一つであることはたしかです。

しかし，そうした「思いやり」などの「基本的道徳感情」はすでに，日本人の多くは子どもであれ大人であれ，身につけていると思います。

試しに，学級でたずねてみてください。

電車の中で，一人よろよろしながら立っているお年寄りを見て「かわいそう」と思い，「席をかわってあげなくては」と思うかどうか。
　多くの子は「そうしたい」と「思う」はずです。
　それでは，「そうしたい」と「思った」子どもたちが実際に席を譲ることができるかどうか，というと，それはまた別の問題です。
　そういう「思い」はあったとしても，同時にまた，
　「声をかけてみたら，お年寄りから逆にいやがられたらどうしよう」
　「まわりの人から，じろじろ見られたらどうしよう」
　「『ぼく，いい子だねー』とか，たくさん大きな声で言われたら恥ずかしいな」
　そんな気持ちも沸いてきて，実際には何の「行為」もできずにいる，という子が少なくないでしょう。
　基本的な「思い」はあって，それを「行為」という形で表現できずにいる。これが日本人の道徳の「課題」の一つであり，育てるべきコンピテンシー（資質・能力）の一つであることは間違いありません。
　ほかにも，あります。
　それは，日本人は多くの様々な立場の人間の利益や思惑が衝突するような，複雑な道徳的問題場面に直面すると「思考を放棄する」ところがある，ということです。
　たとえば，待機児童を減らすために保育園を建てようとしたところ，地域のお年寄りが反対した，という問題。
　あるいは，末期ガンとの闘病があまりにつらいので，延命治療を拒否しようとする患者本人と，少しでも生きながらえてほしいと願う家族との思いの間の葛藤の問題。
　こうした様々な立場の人間の思いや利害が絡む，したがって唯一の正しい解決策などない道徳的問題について多面的かつ多角的に思考し，「どの立場にあっても，最善の結果をもたらしうるのはどうすることか」と考える。あるいは，そこまでいくことができなくても，「様々な立場の人にとってみて，

総体的に，よりベターな方法とはどうすることか」と考える。そういった思考を粘り強くおこなうことが多くの日本人は苦手です。その結果，考え抜くことを放棄し，思考停止に陥り，結局は「場の雰囲気」「状況」に流されてしまう。これが日本人の道徳性のウィークポイントです。

　ましてや，異なる立場，異なる考えの人間同士がお互いの立場に立ちながら，穏やかに冷静に話し合いを重ねていくことは大変に苦手です。

　この日本人の道徳性の課題，弱点の克服のために「考え，議論する道徳」への転換は必要なものなのです。

　これは「道徳」というものの本質にかかわる重要な点なのですが，そもそも，ある人にとっての「よきこと」が別の人にとっての「よきこと」と直ちに重なるのであれば，道徳というものはさほど必要ないわけです。Aにとっての「よきこと」と，異なる立場に立つBにとっての「よきこと」は違うし，衝突しうる。したがってその「調整作用」を果たす何かが必要で，そのために道徳というものが必要になるわけです。

　たとえばAにとって「自他に正直であること」が「よきこと」であり，一方，Bにとっては「人を傷つけないこと」が「よきこと」であり，しかも両者が衝突しうるような場面を想定してみましょう。このとき，「自他に正直であること」という価値と，「人を傷つけないこと」という価値とが衝突すること，つまり価値葛藤が問題になるのではありません。価値と価値の間の葛藤，という観念的な問題のために道徳的問題が生じるのではないのです。

　Aが「自他に正直であろう」とすれば，それがBをはじめとする他者を「ひどく傷つける可能性がある」場合に，それは道徳的問題となります。逆に，Aが「自他に正直であろう」としても，それがBをはじめとする他者を「ひどく傷つける可能性はほぼない」と見込まれる場合には，道徳的問題は生じません。Aは「自他に正直であってよい」のです。

　問題は，Aが「自他に正直であろう」とすれば，それがBをはじめとする他者を「ひどく傷つける可能性がある」ような場合が，この社会の中では，しばしば生じることです。だからこそ，道徳の調整作用が必要となるのです。

このように考えると，どの立場に立つかによって，「よきこと」が異なるような問題場面において，多面的かつ多角的に熟考することを通して，「どの立場にあっても，最善の結果をもたらしうるのはどうすることか」，あるいは少なくとも「様々な立場の人にとってみて，総体的に，よりベターな方法とはどうすることか」を考え抜き，異なる立場の者同士で話し合い尽くす，ということは，まさに道徳性の根幹にかかわる部分を育てることにつながりうるのです。

2 多面的・多角的に物事を考えることで，道徳性の本質が育つ

　すぐれた問題解決型の道徳授業とは，子どもが「その問題場面においてどうすべきなのか，何をなしうるか」を，「まず自分で，よく考え」→「よく話し合い」→「さらに，自分でよく考える」ことのできる道徳授業です。そうした道徳授業で育つのは，「多面的・多角的にものを考える力」です。「多面的・多角的にものを考える」とは，「考えつく限りの可能なあらゆる立場に立つことを想定して，かつ，考えつく限りの可能なあらゆる場合を想定して，ものを考える」ということです。そもそも「よく考える」とは，そういうことでしょう。

　「もしこうなったら，どうなるだろう」「もし，こういう立場だったら（もし自分が少数派だったら，もし自分が貧困層であったら，もし自分が逆の立場だったら）」どうなるだろうと，自分で考えつく限りのあらゆる場合に思考をめぐらせていく。それが道徳的な思考です。

　逆に，そのような努力を面倒くさがって，「ま，これでいいか」「こうすることになっているから」と短絡的に判断するのが，非道徳的な思考です。

　たとえば，忙しい大学教員などにはよくあることですが，出席義務のある会議が同時に3つくらい開かれたりすることがあります。このような場合に，Aという会議に出た場合には，誰にどのような迷惑がかかり，話し合うべき事柄にどのような影響をもたらすか，Bという会議を優先した場合にはどう

か，Cという会議に出た場合には……と，想定しうるあらゆるケースを想定して（つまり，よく考えて）自分の取るべき行動を決めるのが，道徳的思考です。逆に，そうした面倒な手間を省いて，最初に入った予定の会議に出ようなどと，短絡的に決めるのが（つまり，よく考えないのが）非道徳的な思考です。

そもそも，「よく考える」ということ，すなわち，問題場面について，「可能な限り，あらゆる角度に立って，あらゆる場合を想定して，どうすることが最善のできることなのかを考え尽くす」ということ自体が，道徳的な営為なのです。どうできるかを考え尽くすことによってこそ，道徳性の本質が育つのです。道徳性の本質は，脱自己中心性，多視点性（自分の視点から離れて，様々な視点からものを考えることができること）にあるからです。

問題解決的道徳授業の優れた点は，「道徳性」の根幹をなす，この「よく考える力」（多様な視点に立って，多様な場合を想定して考える力）を鍛えることができる点にあります。白熱した話し合いは，この「よく考える」ことを刺激し活性化させることができる点で大きな意味をもつのです。

ここを取り違えてはなりません。現場は，やはり子どもの反応を大切にします。「盛りあがる授業」をよしとしがちです。しかし，「盛りあがる授業＝よい授業」ではありません。その授業が，「よく考える」ことを刺激し活性化させる（アクティベイトさせる）ことができているならば，よい授業であり，その逆は，悪い授業です。そこを見極める目をもってほしいと思います。

3 問題解決に向けて必死に考え，話し合うことを通して，真の道徳的人格＝「不動の道徳的意志」をもち生きる人間が育つ

道徳的人格は，「自分はそうしたいからそうする」のでもなければ，「自分はそう考えるからそうする」のでもありません。「可能な限りあらゆる立場に立ち，可能な限りあらゆる場合を想定した結果，そうすべきだと思われるから（それに従って）そうする」のです（定言命法）。そこには，「自分の思

い」など入り込む余地はありません。道徳教育が本来目指すべきは，そうした確固たる「不動の道徳的意志を持つ人格」です。

　白熱した問題解決的道徳授業は，こうした「真の道徳的人格」を育成しうる力を持っています。それはそうした授業が，

> 「誰の立場でもあり，誰の立場でもない立場」（普遍的立場）
> に立つ思考の習慣の育成

につながるからです。そして，この「可能な限り，あらゆる角度に立って，あらゆる場合を想定して考え尽くす」という思考を徹底していくと「誰の立場でもあり，誰の立場でもない立場」（standpoint of everybody and nobody）に立ってものを考えようとする習慣が育つようになります。

　問題解決的道徳授業は究極的には，この習慣，すなわち「誰の立場でもあり，誰の立場でもない立場」（普遍的立場）に立ってものを考える習慣を育成することにつながります。

　この習慣を，道徳授業場面に限定せず，日常生活でも常時保持しようとする習慣が身につくならば，それは「最高の道徳性」につながっていきます。それは単なる「思考の習慣」の変化にとどまりません。個々人の「意志」，この世界や人生への態度そのものが，個人の欲望を中心とした在り方から，道徳の普遍性それ自体が命じるままに生きる，という在り方そのものへと180度転換しうるのです。「自己を中心とした在り方」から，「世界からの呼びかけを中心とした在り方」へと，根こそぎ転換していくのです。

　著名なカントの定言命法の第一公式「君の行為の格率が君の意思によってあたかも普遍的法則となるかのように行為せよ」に端的に示されるように，道徳性の本質は，個人の「意思」が，自己中心性から脱却し，いずれ大きく転換して，「自分がしたいから」そうするのではなく，ただ「そうすべき」だからそうする「義務」中心の在り方への転換にあります。

　問題解決型授業を徹底し，「誰の立場でもあり，誰の立場でもない立場」

（普遍的立場）に立ってものを考える習慣が育成されるならば，最高の道徳的人格の育成につながりうる可能性があります。これこそ，最高の道徳性を育てる道徳授業と言えます。

4 道徳的心情か，道徳的判断か

　以前から道徳に熱心に取り組んでいた先生方の中には，「考え，議論する道徳」への転換に違和感を感じた方もいるようです。それは「考えたり，議論したりすることで，道徳的な判断力ばかり重視されるようになった。しかし道徳教育は，教科と異なり，こころの教育なのではないのか。人格の教育ではないのか。だとすれば，道徳的心情こそが最も重要ではないのか。そこを疎かにしてよいのか」という懸念です。

　私は，これは心配するに及ばない，と思っています。

　そもそも道徳的心情と判断を分ける考え方そのものが紋切り型の，無理のある考え方だからです。従来型の授業で，教材の主人公の気持ちを推測する場面がしばしばありました。この，他者の気持ちを推測するという行為は，単に心情ばかりでなく，思考を十分に働かせないとできないことです。

　また，問題解決型授業で，「どんなことができるのか」を考えるためには，「可能な限りあらゆる立場に立ち，可能な限りあらゆる場合を想定した結果」，判断することが必要になります。この「可能な限りあらゆる人の立場に立ち，可能な限りあらゆる場合を想定する」という行為においては，当然ながら，心情面の機能をフルに発揮する必要があります。

　道徳的問題の解決のためには，認知（思考）の働きばかりでなく，感情（心情）面の働きもフルに行う必要があるのです。

　したがって，道徳的心情か，道徳的判断か，いずれが重要かという議論には，ほとんど意味がありません。道徳的心情をフルに働かせた結果，賢明な道徳的判断というものはなされるものだからです。

5 　内側に響かせることで思考の深化が内面性の育成につながる

　問題解決型授業における子どもの思考の深まりが，単なる認知レベルのものにとどまらず，子どもの「内面性の育成」「人格形成」につながっていくためには，しかし，一つの条件が必要です。

　その思考の深まりが，単なる認知，単なる頭だけの思考ではなくて，全人格的な思考，より具体的には「内側に響かせながらの思考」である，ということです。明示的な（explicit）レベルの思考にとどまらず，暗黙の（implicit）次元に触れるような思考である，ということです。

　すぐに答えを出したり，頭だけでひねくり回すのではなくて，道徳的難問を前にして「う…………ん」「いったい，どうしたら……」と立ち止まる。ほかの子どもたちや教師の考えを聞いても，うなづけるところもあれば，十分に納得できない点もある。

　「う…………ん」

　真剣な道徳的思考には，必ず伴うこの「沈黙」。

　言葉にしたいけれども，言葉にならない。

　いったい，どうすればよいのか，立ち止まってしまう。

　私たち大人が，道徳的にどうすればよいかわからない問題に出会ったときに，いつもそうするように，重たい沈黙が，真剣な道徳的思考にはつきものです。そしてその後に，突然やってくる「はっ，こうすれば……」というひらめき。ジョン・デューイ（*How We Think*, 1933）が反省的思考におけるsuggestion と呼んだこのひらめきが，一人だけでなく，他の子どものひらめきにもつながるとき，素晴らしい問題解決型授業につながります。

　道徳授業に限らず，いわゆるアクティブ・ラーニングが真に「主体的で深い学び」といえるものになるかどうかの最大のポイントも，そこにおける子どもの思考の質が，単なる概念的論理的思考ではなく，「内側に響かせながらの思考」となっているかどうか，そこでの学びが「内側からの」学びであ

るかどうかにかかっています。

6 ワークシートに書く「自己内対話」の時間を確保しよう。「聴き合い」を軸として授業を展開しよう

　道徳の時間における子どもの思考を,「単なる思考」にとどまらせることなく,「内側に響かせながらの思考」に深めていくためにできる具体的な工夫には何があるでしょうか。それは,
①自分自身の心に問い,「ワークシートに書く（自己内対話）の時間」がじゅうぶんに確保されていること
②意見を闘わせる「話し合い」というより,一人ひとりの子どもの考えをお互いにじっくりと聴いていき,また,聴いてもらうことで本人の思考もより深まっていくような,安心感のある「聴き合い」が軸となって授業が展開されていること
　この二点を,「内側に響かせながら進んでいく,深い授業のための具体的な工夫」として挙げておくことができるでしょう。

（諸富　祥彦）

第2章

道徳科の新しい
アプローチ
〈理論＋実践〉

APPROACH 1

問題解決型道徳の理論

1　三種類の道徳的問題

　私は，この世界，人生の道徳的問題には，総合学習と同様に三つの問題があると考えています。

①国際，情報，環境，福祉健康などの課題。これはグローバルな問題，世界規模の問題。人類はどうやって生き残っていくのか，持続可能な社会はどうやってつくられていくのか，という大きな問題
②地域の伝統文化，行事，生活習慣，経済産業など，地域や学校の特色に応じた課題で，ローカルな問題
③自分の生き方，友人との関係をどうするか，といった個人的な問題で individual な問題

　これら三つの問題に共通するのは，大人も含め誰も答えを見出していない問題であるということです。しかも，無視も先送りも許されない問題，現代社会に生きるすべての人が自分のこととして受け止め，考え抜いていかなくてはならない問題です。原発の問題がある。環境問題もある。人口問題もある。格差の問題もある。これらのすべてが簡単には答えが出ない問題。「答えなき問題」が，この世界には山積みです。こうした「答えなき問い」が山積みのこの世界にあって，それぞれの問いに直面し，それをどう引き受けどう応えていくか。そのことを私たちは日々問われています。
　こうした「答えなき道徳的な問い」に応えていく力を育てること。一言で

言うならば「状況からの問いに対して responsible な人間」を育てる必要があります。Responsible という言葉には，応答可能という意味と同時に，責任を負う，引き受ける，という意味があります。自分の総力を発揮して，困難な道徳的問題に対して応えていく力。私たちが日々直面する様々な道徳的問題状況からの要請（問い）に応えて（答えて）いこうとする「応答力」を育てることが求められているのです。

多数派対少数派。富裕層対貧困層。若年世代対高齢世代。様々な分断と葛藤の中を私たちは生きています。この状況には，様々な道徳的問題が潜在しています。そして，いずれの問題にも「正答」は存在しないのです。

「Aという側面からみると，○○することが正しいように思えるし，Bという側面からみると，△△することが正しいように思える」，そういった「答えなき問い」がこの世界，この人生には山積みなのです。

不断の「答えなき問い」の連続の中を私たちは生きている。そうした状況の中で，必要なこと。それは，子どもたちを切迫した道徳問題場面に具体的に直面させ，そこで何ができるか，どうすればその問題状況を解決し突破できるかを「考え，議論する」力を身につけさせておくことでしょう。

2 子どもの応答性を刺激し引き出すような力をもった教材を用意し，インパクトのある形で提示すること

問題解決の授業では，教材が決定的に重要になります。
「この問題は放置してはならない」
「この問題は，解決しなくてはならない問題だ」
「この問題は，自分が引き受けなくてはならないのっぴきならない問題だ」
そのように子どもたちに思わせ，それに応えようとする「応答性」を強く刺激しうるような，力をもった教材を用意しなくてはなりません。子どもたちに，「白熱した（アクティブな）思考と議論」がもたらされうるためには，それを迫るような力をもつ，切迫した問いを突き付ける教材が必要になりま

す。そうした教材の提示する「問題」の切迫性は，子どもに，自分のものの見方の自己中心的な偏りを打破させ，ほかのものの見方をとるように迫ってくるのです。大人であっても本気で考えたくなる教材。うーん，どうすべきなんだ……と，苦悶する。そうした本気で考えたくなる「教材」を用意できるかどうかで授業の成否は8割決まります。

　もちろん，教材の提示の仕方も重要です。1枚の写真，それに関連する数字，あるいは，映像や音楽などを使って，授業の導入の場面でパッと子どもたちの問題意識をわし掴みにする。「いったい，これはなんだろう」と考えさせ，一人ひとりの子どもの中に「問い」を育てていく。

　授業の導入場面での「つかみの力」が強いこと。これが，子どもに本気で考えさせ，議論させるための第一の要素です。

3　問題解決的な道徳授業の基本型
　　　―選択肢「その他」が決め手―

　大人でも解決するのが難しい「本気の道徳的問題」を提示して，その解決に向けて，次の4つのステップで進めていくのが，私の考える「問題解決的な道徳授業の基本型」です。

---

①教師が提示する3～5程度の選択肢（自分にできること）の中から「どの選択肢がよいか」「その理由は何か」一人でじっくり考え，ワークシートに書く
②小グループで話し合う
③クラス全体で話し合う
④もう一度，自分ひとりでじっくり考え，ワークシートに自分が選んだ選択肢とその理由を書く

　この4つのステップで授業を進めていくのです。この時，選択肢の中に

「その他」の欄を設けておくことが重要です。「道徳的問題」は，大人でも簡単には合意を得られない困難な問題状況を含んでいることが多いです。すぐには思いつかない選択肢（できること）を創造的に見出していく力の育成が重要になります。そのために「その他」という選択肢をワークシートに設けておいて，新たな解決策を自分で創出することが大きな意味をもつのです。

　選択肢「その他」があるからこそ，子どもは教師も思いつかない「閉塞状況を突破する創造的問題解決法」へと踏み出していくことができます。選択肢「その他」がなければ，道徳的天才や真の道徳的人格は育ちません。せいぜい，教師が思いつく範囲内でしか思考をめぐらすことしかできない，凡庸な子どもしか育たなくなってしまいます。それはひとえに「その他」の欄を設定しないことによって，そうなるのです。

4 「問題解決型授業」の3タイプ
　── 「二者択一型」「選択肢提示型」「無選択肢型」──

　問題解決型道徳授業には，3つのタイプがあります。
①たとえば，「〇〇さんは，このことを打ち明けるべきか，どうか」という「するか，しないか（二者択一）型」。これは，いわゆる「葛藤解決型の道徳授業」に近くなります。
②選択肢提示型。教師のほうから，たとえば，「ゴミのぽい捨てがこの地域からなくなるには，どうすればいいのでしょうか。次の4つの選択肢（できること）の中から選んで，自分なりにランキングをしてワークシートに書きましょう。その理由も書きましょう。それ以外の方法を考え付いた人は，「その他」に書きましょう」と投げかけます。
③無選択肢型。教材で提示した問題，たとえば，「ゴミのぽい捨てがこの地域からなくなるには，どうすればいいのでしょうか」と問いを提示し，子どもたちに「自分にできること」を考えさせます。教師からは何の選択肢も提示しません。

どのような「できること」=「とりうる選択肢」があるのかをはじめから子どもたちに考えさせます。子どもたちはそのためにさまざまなリサーチや，聴き取り調査をすることが求められます。

問題解決型の授業に慣れさせるためには，まず，①「するか，しないか（二者択一）型」の授業からはじめて，②次に「選択肢提示型」の授業で，教師のほうから選択肢を与えた上で考えさせ，最終的に③の「無選択肢型」の授業で，「できること」=「とりうる選択肢」を最初から子どもたちに考えさせ，リストアップさせることができるようにするのがよいでしょう。

5 「できることには何があるか」を考えさせ，話し合わせることが問題解決型の授業のポイント

　問題解決型の授業の本道は，ノンフィクションの教材を使うことです。この世界，この社会，この人生に存在するリアルな道徳問題を提示し，それに直面させるのが，本道です。しかしその「練習」として，フィクションの形で提示された，理解の容易な道徳問題について思考の練習をすることには大きな意味があります。その場合，従来型の授業に少し工夫を加えるだけで，問題解決型の授業になります。具体的に言えば，「何ができるか」を考えさせ，話し合わせると，問題解決型の授業になるのです。

　たとえば，「泣いた赤鬼」を用いた授業で，「青鬼は，どういう気持ちだったのでしょう」と発問するのをやめる。

　そして①「青鬼にできることには，何があるでしょう」と発問します。これを中心発問として，子どもたちに②「できること」の選択肢をリストアップさせる。③ワークシートに「できること」とその理由を書く。④小グループで，選択肢の中でどれをとるべきか話し合う。⑤小グループでそれぞれの選択肢のメリット，デメリットを話し合い，どの選択肢をとるのが，よりベターな選択なのかを話し合う。⑥学級全体で話し合う。教師のほうから意図的指名をして発言させるのもよいでしょう。

最初から子どもたちに選択肢を出してもらうのが難しければ、教師のほうからいくつか選択肢を予め用意しておいて、それについて話し合わせるのも、よいでしょう。それぞれの選択肢のメリット、デメリットを話し合わせたうえで「その他にできること」（例：暴れるのでなく、お笑いライブをする）を子どもたちにひねり出してもらうのです。

　あるいは、「手品師」を用いた授業で、「手品師はどういう気持ちでたった一人で手品をおこなったのでしょう」と発問するのをやめる。

　そして①「手品師にできることには、何があるでしょう」と発問します。これを中心発問として、子どもたちに②「できること」の選択肢をリストアップさせる。③ワークシートに「できること」とその理由を書く。④小グループで、選択肢の中でどれをとるべきか話し合う。⑤それぞれの選択肢のメリット、デメリットを話し合い、どの選択肢をとるのがよりベターかを話し合う。⑥学級全体で話し合う。教師のほうからいくつか選択肢を予め用意しておいて、それぞれの選択肢のメリット、デメリットを話し合わせたうえで「その他にできること」（例：置手紙を置いておき、後日男の子といっしょに大劇場に行く）を子どもたちにひねり出してもらうのもいいでしょう。

　こうした「ほんの少しの工夫」で「国語みたいな授業」は「問題解決型の授業」に変わるのです。

　あるいは、「葛藤教材」（たとえばハインツのジレンマの教材）を用いても、「盗みに入って妻の命を救うか」（生命の価値）VS「盗みに入らずあきらめるか」（規則順守の価値）と問う（従来型の葛藤授業）のではなく、「法を犯さずに妻の命を救うために、あなたにできることには、他に何があるか」と問うならば、問題解決型の授業にすることができます。子どもたちからはたとえば「新聞に投稿する」とか「弁護士に相談する」などの選択肢が出てくるかもしれません。こうして「問題状況」「葛藤状況」の設定の枠内で考えるのではなく、それを「どう乗り越えることができるか」「どうすればこの葛藤状況そのものを突破することができるか」を考えるのが、「問題解決型の思考」なのです。

（諸富　祥彦）

APPROACH 1

問題解決型道徳の実践

1 アプローチの魅力と授業のねらい

❶ 段階を踏んだ問題解決の魅力

　道徳的実践に結びつく学習となるように行動の選択を考える指導方法を模索しました。行動の原動力となる道徳的価値を考えることで方法論だけでなく，心情も追究して考えられるように以下の5段階で学習を進めました。
①教材への導入　　　　　②問題場面の発見と道徳的問題の把握
③問題解決（個人→全体）　④問題解決策の吟味（シミュレーション）
⑤振り返り

❷ 本時の授業のねらい

　道徳の時間に問題解決的な学習の指導方法を取り入れることで，児童が道徳的問題について自分の経験と結びつけたり，「もし自分だったら」と自分のこととして考えたりすることで，解決方法を模索するようになると考えました。授業を行う上で以下の2点に留意しました。
①考えを広げる板書の工夫
　教材の内容を黒板の左側に示し，右側に児童の意見を板書で整理し，一人では考えつかなかったことに気づき，多角的な思考を促すことにつなげる。
②段階を踏んだ問題解決
　まずは，ワークシートを使って，児童一人ひとりが問題解決に取り組み，その後，グループや全体で話し合い，よりよい問題解決策を模索・吟味する。

2 教材の概要（あらすじ）

「朝のボランティア活動」（自作教材）C-(14) 勤労，公共の精神

児童と同じ3年生を主人公として，学校で行われている朝のボランティア活動という学校生活を素材としました。葛藤を盛り込んだ内容で，結末は問題提起型としました。集団とのかかわりを学び，自分も誰かのために役に立ちたいという思いを高められるようにしました。実際のボランティアの参加状況などは，学級担任や児童にインタビューをして，教材に活かしました。

教材前半
陸上練習中の6年生に代わり，ボランティア活動を楽しみにしてやる気にあふれている場面

教材後半
ボランティアの大変さを知り，活動を継続することが難しくなり，朝寝坊してしまう場面

葛藤　（　努力，公徳心，勤労，愛校心　）

3 授業の実際

❶ ねらい

働くことの大切さを知り，進んでみんなのために働こうとする態度を育てる（C-(14) 勤労，公共の精神）。

❷ 教材への導入

日頃みんなのために行っている仕事について，自分の生活を振り返ります。さらに教材は朝のボランティア活動の話であり，登場人物は3年生の女子で

あることを伝え，関心を高め，視点をもって話を聞けるようにします。

❸ 問題場面の発見と道徳的問題の把握

登場人物の気持ちを考えながら，教材の内容を把握します。その後，登場人物はどんなことで困っているかを話し合い，朝のボランティア活動に対して，少しずつやる気を失い寝坊してしまい，休もうかと悩む場面から，「寝坊してしまった私はこの後どうするか」という道徳的問題を共通理解しました。このとき，登場人物の気持ちに児童の共感を高めることが肝心です。

❹ ワークシートによる問題解決

問題解決のプロセスがわかるように「気持ち（行動の理由）」「行動」「結果」を矢印で結ぶフローチャート式のワークシートを活用し，一人ひとりが問題解決に取り組みました。また，児童の考えや話し合いの内容を構造的に板書で示し，思考の流れを可視化しました。

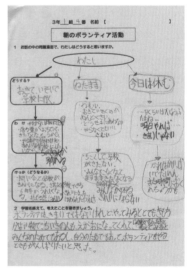

❺ 問題解決策の吟味

ワークシートをもとによりよい問題解決策について全体で話し合います。友達の意見の中で納得するものは，ワークシートに書き足し，考えを広げることができました。この後，シミュレーションとして，全校ボランティア活動を振り返るなど，日常生活に置き換えて考えます。

❻ 振り返り

本時を振り返り「働くことは大変なこともあるが，みんなの役に立てるからがんばる」という意見が出され，働くことの意義を考え意欲を高めました。

板書の工夫

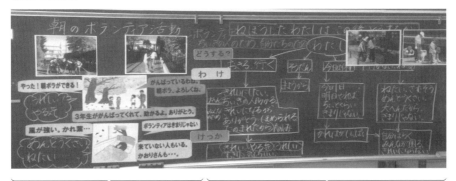

左側に教材の内容をキーワードと場面絵でまとめる。

右側に問題解決の過程を児童の考えをもとに整理する。

4 まとめ

　本実践では，教材を自作し，児童の実態に近い内容だったため考えやすかった反面，明日の行動から変えていくことにもつながるので，児童は判断するのが難しいようでした。児童の実態に合わせつつ，学んだことを今後のほかの生活場面で生かせるような教材づくりができるように留意したいです。また，問題解決の場面において，板書で児童の考えを整理する際に，行動を起こす理由にはどのような種類があるのかを板書でまとめて児童に考えさせることで，行動を起こすには，いろいろな思いがあるということに気づかせることができました。友達の多様な考えにふれ，多角的な視点をもって考えることもできました。

　道徳の時間における問題解決的な学習は，時間がかかったり教師の習熟が必要だったりと課題はあります。しかし，ワークシートを工夫し，板書でわかりやすく示すことで，道徳的判断力を高め，道徳性の育成につながると考えます。

（森　美香）

APPROACH
1

問題解決型道徳の実践

1 アプローチの魅力と授業のねらい

❶ 問題解決型道徳の魅力

　生徒は教師から話を聞く受け身的な学習活動ではなく，「道徳的な問題」を提示され，「あなたの意見」を求められると，経験や価値観をもとに，自分の考えに向き合い始めます。根拠とする価値観が複数存在するような問題，絶対的な正解がない問題・課題であれば，より自分ならどう行動するか，どのように判断するかを考えます。時には，自信をもてないままに。しかし，だからこそ，ともに学ぶ仲間の意見を求めたくなります。一緒であれば安心し，根拠まで話し合おうとし，違えば，なぜそのように考えたか知ろうとします。そして，その話し合いの中で，互いの真意を理解し合い，考えを深め合い納得のいく答えを出していきます。

❷ 本時の授業のねらい

　社会見学（班別分散学習）に向け，公共交通機関でのマナーを考えさせる授業として実践しました。①優先座席の必要性を討議する中で，設定されている意味の理解を深めます。②次に，障害をもつ生徒への声かけの課題を考える中で，その時点での状況に応じた選択や対象者自身を尊重した判断や行動が大切なことに気づきます。③もとの課題に戻り，すべての乗客が気持ちよく座席を利用できるよりよい社会の実現に意欲をもつことをねらいました。④ワークシートでは自分の思考の流れの「見える化」を目指しました。

2 教材の概要（あらすじ）

擬人化した優先座席が，乗客に素直に座ってもらえない一方で，必要な人が利用できないこともあることを憂いながら，自分は存在する意味があるのか，思い悩む気持ちを作文したものです。（自作教材）

3 授業の実際

❶ 導入

優先座席の画像を印刷したものを掲示し，見せました。「これは，何？」「優先座席！」「どこに設置されている？」「電車やバス！」「どのような人が対象？」。生徒たちは「知っているぞ」モードで，積極的に挙手し答えました。

❷ 展開

「優先座席の気持ちになったことはある？」の発言にはちょっと驚いていましたが，教材を配布，範読の後，「優先座席はあった方がいい？ない方がいい？」の問いに加え，ワークシートにある「A君に席を譲るように言った方がよかったのか，言わない方がよかったのか」についても考え，自分の意見を記入しました。

記入後，班で話し合いました。優先座席の必要性に関しては，各自の意見をホワイトボードにメモしながら話し合い，班で意見をまとめました。A君に対する声かけについては，意見交流を行い，代表的な意見をホワイトボードに記入しました。理由も伝え合い，意見をよく聞き合うよう促しました。

優先座席に関しては，「ないと譲ってもらえない人が出て，困る」「高齢者や妊婦さんが安心して座れる」「内臓疾患とかで困っている人が，座りやす

い環境ができる」「譲ることを意識できる」などの意見に対して、「みんなが守ってくれないからあっても意味がない」「どこに座っていてもみんなが代わればいい」といった意見がありました。多くの班が「優先座席はあった方がよい」という立場でした。

A君に対する声かけについては、「こけて怪我をするといけない」など、「言わない方がよい」の意見が多く出ましたが、「本人に聞いてみる」「ほかの子が支えればよい」「場合によって違う。杖をついた高齢者だったら席を譲るように言う」との意見も出て、A君自身の気持ちに目を向けたり、支援方法を考えたり、と対応を考えるとともに、乗ってきた人の様子でA君も譲る側になるのではないかと考えを深めることができていました。各班の発表は、ホワイトボードを示しながら行い、その後黒板に掲示しました。

❸ 終末

ワークシートを見直し自分の思考の道筋を確認した上で、もう一度優先座席の必要性について考え、本時で学んだことや社会見学で気をつけたいことを記入しました。その後の発表では、「座っていることは、A君や高齢者だけでなく、誰にとっても安全だ」と安全の視点に気づく生徒もいました。

「座席を必要とする人がいたら、譲れる人から譲っていけばいいと思った。もし、優先座席がなかったとしても、譲り合いの気持ちや優しさをもっていれば、席を必要とする人も安心して座れると思う。私たちは中学生で元気だから席を譲っても大丈夫だし、必要としている人が安心して乗れるように、周りの様子を見て、行動するようにする」。

「優先座席は利用しやすいように空けておく」こともすばらしいですが、座席を必要とする人が安全に乗車できているか、周りの人を気にかけ、席を詰めたり譲ったり、棚への荷物の上げ降ろしを手伝ったりできたら、みんなが気持ちよく乗車できます。その気持ちをもっていることが、生活しやすい社会をつくることになります。そんな思いを伝えて授業のまとめとしました。

(授業者 平成28年度 四日市市立羽津中学校2学年担任 文責 伴野 直美)

優先座席の憂鬱

　　　　　年　　組　　席　名前（　　　　　　　　　　　）

1. 優先座席について，自分の意見を○で囲み，理由を書こう。

あった方がよい　・　ない方がよい	班の人の意見

2. 班の人は，A君に高齢者に席を譲るように言った方がよかったか，言わない方がよかったか。

	班の人の意見

3. 優先座席について，話し合った後の自分の意見を○で囲み，理由を書こう。今日の授業で学んだこと・考えたことも書こう。

あった方がよい　・　ない方がよい	学んだこと・考えたこと

4. 社会見学で電車を利用するときに生かしたいことを書こう。

APPROACH 2

構成的グループエンカウンターの理論

1 日本の学校教育において最も使われている心理学的な「体験的学習」＝エンカウンター

　学級における人間関係づくりや，自己肯定感を育てる手法として心理学のアプローチが様々な仕方で学校教育に取り入れられてきました。
　たとえば，エンカウンターのほかにも，ソーシャルスキル・トレーニング，ロールプレイング，サイコドラマ（心理劇），グループワーク，アサーショントレーニング，ピアサポートなどです。これらの「心理学的な体験学習」の技法は，学級づくり，人間関係づくり，自己肯定感を育てる心理学的な方法として，学校教育の中に取り入れられていきました。
　なかでも，教師に大変な人気があり，学校教育に積極的に取り入れられていったのが，エンカウンターです。そして今，道徳科の指導方法として「体験」的な学習が注目される中，エンカウンターを道徳科の中に取り入れていこうとする動きは，ますます強くなっていくことと思われます。

2 エンカウンターとは

　エンカウンターの正式名称は"構成的グループエンカウンター（Structured Group Encounter）"です。
　いろいろな説明の仕方がありますが，"心と心のふれあいによる人間育成法"と説明しています。構成的グループエンカウンターの創始者は日本のカウンセリング心理学者，國分康孝先生です。

教育現場に即した説明をするならば，
①自己肯定感を育てる（自分を好きな子どもに育てる）
②子どもの人間関係の力を育てる
　現代の子どもにどうしても必要な，この二つの力を意図的，計画的，効果的に育てることのできる心理学的な教育方法である，ということができます。
　「意図的，計画的」に工夫する，ということが「構成的グループエンカウンター」の「構成的」の意味です。平たく言うと，心と心のふれあいの場を意図的に設定し，それにより，子どもの心と人間関係を育んでいく心理学的な教育方法，それがエンカウンターなのです。

3　エンカウンターの基本的な流れ

　構成的グループエンカウンターの基本的な流れは，①ウォーミングアップ→②エクササイズ（実習）→③シェアリングです。
　まず，ウォーミングアップでは，たとえば「なんでもバスケット」のような，活動性の高いエクササイズを行うことによって，場の雰囲気を柔らかくしていきます。次に，エクササイズ（実習）をおこない，リーダーが指示をしていく実習に取り組んでいきます。
　最後に，ワークシートなどに「今日の学習で感じたこと，気づいたこと」などを記入した後で，小グループや学級全体でそれについて語り合い，体験を分かち合っていきます。これがシェアリングです。

4　なぜ，道徳でエンカウンターか
　　　──体験学習による「道徳的価値の実感的理解」──

　道徳科の授業は，子どもたちの心を育てることを直接の目的として設けられている唯一の時間です。そしてエンカウンターは，様々な"心を育てる教育方法"の中で最も人気がある方法のひとつです。

そう考えると，道徳授業でエンカウンターの手法が用いられるのは，ごく当然のことだと思います。では，道徳授業でエンカウンターをおこなうことにどんな効果があり，どんな意味があるのでしょうか。道徳授業にエンカウンターを組み入れることの利点は，いったい，どこにあるのでしょう。

もちろん，子どもたちがよりイキイキとした表情で，授業にのってくるようになる点があげられます。しかし，より重要な点は，

> 道徳的価値について，観念的な理解（頭による知的な理解）にとどまらず，体験を通してのからだごとのリアルな「実感」を伴う理解が可能になること

です。これが，エンカウンターを道徳の授業の方法として用いることの最大のメリットです。

たとえば，クラスメイトとともにお互いのよいところを見つけあい，探し合う"いいところ探し"とか"がんばりみつけ""Xからの手紙"といったエクササイズがあります。これらをおこなうことによって，子どもたちは，

「そうか。僕には僕の，まさお君にはまさお君のいいところがあって，みんなのよさはそれぞれ異なるんだな。みんな，それぞれ違った，自分のよさを伸ばし，生かしていくことが大切なんだな」

そんなふうに価値をまさに自分自身のこととして体験的に，イキイキと「実感的に」リアルに理解することができるのです。

心理学的な体験学習の方法であるエンカウンターを取り入れることによって，子どもたちは，ねらいとする価値にまさに"体験的に"（身をもって）"実感を伴って"迫ることができるのです。こういった「実感的な理解」は，間接体験教材である読み物教材だけを使った授業では，なかなかできません。エンカウンターなどの体験学習で，まさに自分のこととして，直接の体験をすることで，はじめて得ることのできる理解なのです。

エンカウンターに限らず，道徳授業に「体験」の要素（例：いのちの大切

さを感じ取らせるために，妊婦さんを呼んで，聴診器で胎児の心音を聞かせる，など）を組み込むことのメリットは，何と言っても，ここ（"ねらいとする価値"の実感的理解）にあると言っていいと思います。そして，観念ではなく，体験によって，からだごとリアルに実感しながら学ばれた道徳的価値であるからこそ，生活の中で生きたものになってくるのです。

　また，これは，あくまで「間接的な，副次的効果」としてですが，エンカウンターの体験をすることで，実際に自分がどうすればいいか，そのスキル（技能）＝「道徳的行為」に直結する実践力が身についてきます。エンカウンターを体験するなかで「道徳的スキル（モラルスキル）」がおのずと身についてくるのです。これまでの道徳学習の難点は，何といっても，実効性が低かったこと，「実践力」に結び付きにくいことでした。アカウンタビリティが不明瞭であった，と言ってもいいでしょう。

　その理由の一つに，道徳授業はあくまで道徳的心情の学習なのだ，という固定的なイメージがあったことを挙げることができると思います。

　しかし道徳科に生まれ変わることで，こうした固定的なイメージは破られました。もちろん「思い」は大切ですが，それにとどまらず，その思いを「言葉」にして伝えたり，実際に動いて「行為」にしてかかわったり，といった力を育成することが道徳科の授業に求められるようになったのです。

　エンカウンターなどの「エクササイズ」が，そのための効果的な手法として，ますます積極的に取り入れられていくことは間違いないでしょう。

5　エンカウンターによる道徳授業の３パターン

　A式　授業の「導入」で読み物教材などで「ねらいとする価値」に意識を方向づけ⇒「展開」で，エンカウンターによる体験的学習によって実感的な理解を深める

　B式　授業の「導入」でエンカウンターによる体験的な学習⇒「展開」や「終末」で，読み物教材などで「ねらいとする価値」に意識を定め

る

C式　読み物の「読み」を深めていく⇒読み物教材の内容そのものをエクササイズとして展開していく

6　道徳でエンカウンターをおこなう場合の留意点

❶ ねらいを明確に意識する

　エクササイズをおこなうことによって，どんな"ねらい"を達成しようとするのか。それを教師自身が明確に意識し，子どもにもハッキリと伝えることは重要です。これをしないと，子どもの意識がねらいと外れた方向にいって，何の学習かわからなくなる場合が生じてきてしまいます。

　エンカウンターなどの方法は，あくまでも手法にすぎません。これを取り違えてしまうと，「これは学級活動であって，道徳ではありません」といった批判が的を射たような授業になってしまいます。

　要は，授業の"ねらい"をハッキリ意識した上で，エンカウンターを含め，どんな手法をどんな順序で使えばそのねらいを最も明確に達成できるかを考えながら，授業を組み立てることです。

❷ ねらい，読み物教材と，エクササイズのつながりを考える

　エンカウンターを使った道徳授業の失敗ケースの少なからずは，ねらいと教材，エクササイズのつながりが悪く，強引につぎはぎしてしまったものです。読み物教材とエクササイズのつながりをよくすることは，しかし，けっこう難しいのです。ポイントは，エクササイズによって，子どもの意識がどのように動き，何が達成できるかをメンタルリハーサルして明確につかんでおくことです。市販の教材に記してあるエクササイズの目的についての記述（例：自己理解，他者理解など）に惑わされず，実際にどのような体験が可能になるのか，具体的につかんでおく必要があります。

❸ 時間配分

　1授業時間の中で，教材の正確な読み取り，登場人物の心情の追跡などを行い，さらにエクササイズを行おうとすると，当然，時間が足りなくなります。また授業の焦点もぼやけます。その授業では，読み物教材の読み取りが中心なのか，読み物はあくまで導入的な位置づけでエクササイズによる実感的な理解が中心なのか。重点を明確にしておくことが必要です。するとおのずと，授業の焦点も絞られ，時間配分もなされていくことでしょう。

　また，道徳科の授業は2時間続きで行うことも有効です。

　たとえば，①1時間目で，「生きることの喜び」や「成長することの価値」について読み物教材で学び，②次の週までに家族に「自分が生まれてから，今まで」の成長についてインタビューをしてくることを宿題にします。そして③2時間目の授業で，インタビューしたことをワークシートに記入したものを，小グループで伝え合ったり，学級全体で発表したりします。エンカウンターの「シェアリング」の要領で，自分が気づいたこと，学んだことを振り返り，分かち合っていくのです。

❹ 教師によるノリノリのデモンストレーションと自己開示が決め手

　エンカウンターの授業は自分を語ること（自己開示）が重要な位置を占めます。そしてこれを効果的に行うには，教師による自己開示の「お手本（デモンストレーション）」が効果的です。

　教師がノリノリでお手本をすれば，子どもたちの中にも「私もやりたい」という意欲が一気に高まっていきます。100の言葉による説明より，1つの心を込めたデモンストレーション（お手本）のほうが，はるかに効果的です。

　言葉による説明（インストラクション）はできるだけ短く。明確かつ具体的に。それよりも，教師自身の心を込めたデモンストレーション（お手本）がはるかに効果的なのです。

（諸富　祥彦）

APPROACH 2

構成的グループエンカウンターの実践

1 アプローチの魅力と授業のねらい

❶ エンカウンターの魅力

「教材を深く読み込んでいく」という従来の道徳授業と,エンカウンターでの授業は矛盾するものではありません。読み物教材の「読み」を深めていく中で,その読み物教材の内容そのものをエクササイズとして展開していきます。心理学的な体験学習の方法であるエンカウンターを取り入れることで,ねらいとする価値に迫ることができます。

❷ 本時の授業のねらい

読み物教材の中の「今のわたし」が,もし「6歳のわたし」に,会うことができるならば,どんなことを語りかけるか考えるエクササイズです。成長した「わたし」の立場になって父の言葉の意味を考えることで,本当の思いやりとは,独りよがりに考えるのではなく,まずは相手と向き合うことが大切であるということに気づくようにします。

2 教材の概要（あらすじ）

【教材「父の言葉」（出典:『5年生の道徳』文溪堂)】
　結核性股関節炎を患っていた「わたし」は,退院した後,隣の病室にいた同じ病気の子に会います。その子は松葉づえをついていました。それから「わたし」は,その子を見かけると身を隠すようになります。その様子を見

ていた父は,「そんなにかわいそうだと思うなら,かくれないで,行ってお話ししなさい」と言います。本教材はユニセフ親善大使である黒柳徹子さんが1987年に新聞に掲載した記事です。黒柳さん自身の子どもの頃の病気の経験と,その時に父に言われた言葉が現在のユニセフの活動につながっていることがわかる教材です。

3 授業の実際

❶ 導入

　総合的な学習の時間での高齢者とのふれあい体験等の学習を想起させ,思いやりの気持ちをもって相手に接することができたか聞きました。「恥ずかしくて,お年寄りに積極的に話しかけることができなかった」等の発言がありました。今日のねらいは,本当の思いやりについて考えることであるということを話しました。

❷ 展開

　教材「父の言葉」を読んで,「わたし」の気持ちを考えます。
　①「6歳のわたし」の立場で,父から「そんなにかわいそうだと思うなら,かくれないで,行ってお話ししなさい」と言われた時の気持ちを考える
　ワークシートに書いた後,「何を話せばいいのかわからない」「私だけ治って,なんだか悪い」という意見が出ました。
　②現在の黒柳さんの活動について知る
　現在はユニセフ親善大使である,黒柳徹子さんの活動を写真で知らせました。「小さいときから考えてきたこと（新潮文庫）」の文を抜粋し,自分の危険も顧みずに戦争や疫病で苦しんでいる子どもたちのところに行く積極的な活動であるということを伝えました。子どもたちからは,「自分だったら,怖くて,かわいそうだと思ってもそんなところには行けない」という意見が出ました。

【板書】

③エクササイズ「過去のわたしと話す」をする

「黒柳さんは、今になって、父の言葉のどんな意味に気づいたのでしょう」と発問します。現在の黒柳さんが6歳のわたしに語りかけるように、父の言葉の意味を伝えるエクササイズをすることを伝えます。

〈手順〉
(1) もし、「今のわたし」が「6歳のわたし」に語りかけるならば、父の言葉のどんな意味を語るか、ワークシートに書きます。
(2) 書いたことを互いに交流するために、ペアをつくります。一人が「今のわたし」、もう一人は「6歳のわたし」の役になることをたしかめます。
(3) まず、教師が「今のわたし」の役をし、「6歳のわたし」の役の子どもに「お父さんの言葉はどんな意味だったの」と聞いてもらい、答える見本を示します（デモンストレーション）。

「私は,まず挨拶して,それから,友達になってあげなさいということだと思う」という風に,教師は「今のわたし」になりきり見本を示します。

(4) 次に子ども同士で行います。ふざけないこと,1分で合図するので交代することを約束してから行います。難しいなら,友達の考えたことを聞くだけでもよいことを伝えます。

(5) 終わったら感じたこと,気づいたことを語り合います。

エクササイズ後,どんな父の言葉の意味が出たのか聞きました。「せめて,友達になってあげたらいいのではないか(同情)」「まずは,行動することが大切だ(行動する勇気)」や,「相手に聞かなければ,本当に望んでいることはわからない」など,まずは,相手と向き合うことが思いやりの一歩であるということに子どもたちは気づいていきました。

❸ 終末

「思いやり」とはどういうことか,エクササイズを通して感じたことや気づいたことを発表しました。「友達に,勉強がわからないとき答えを教えてあげていた。けれども,解き方を教えてあげるのが思いやりだと思った」「困っている人に気づいたら,まずは声をかけることから始めようと思った」など自分に引き寄せて本当の思いやりについて考えることができました。

4 まとめ

「今のわたし」役の子どもには,「6歳のわたし」に対してわかりやすく思いやりをもって話しかけるように助言しました。子どもたちは,言葉を選んで話しかけていました。赤い松葉杖の女の子に話しかけることのできなかった6歳の黒柳さんは,一歩踏み出すことのできない現在の子どもたち自身なのです。哀れみや同情,おせっかいではなく,他人の困苦を自分のこととして受け止め,人の支えになろうとする態度こそが人とかかわる一歩になることを学んでいました。

(髙島　英公子)

APPROACH 2

構成的グループエンカウンターの実践

1 アプローチの魅力と授業のねらい

❶ エンカウンターの魅力

　構成的グループエンカウンターは，エクササイズとシェアリングという一連の活動を通して，自他理解や自己発見を促進し，本音で語り合うことで他者との心と心のふれあいを深めることのできるグループ体験です。道徳授業に取り入れることで，生徒は自己開示しやすくなり，相互のコミュニケーションが活発化し，ねらいとする道徳的価値の自覚や道徳的実践力の向上に有効です。道徳授業のねらいを十分にふまえた上で，効果的なエクササイズを読み物教材などと関連させながら展開し，自己の感情を相互に分かち合うことができるというのは，まさにエンカウンターの醍醐味です。

❷ 本時の授業のねらい

　本授業は，いじめの未然防止と解消を主眼に，より良い人間関係の形成に向けた自己対話のエンカウンターを道徳授業に取り入れたものです。いじめに関連した読み物教材とエクササイズを活用して，いじめに対する認識を深めるとともに自己理解を促進させ，いじめの撲滅や対人関係の改善に努めようとする態度を育てることをねらいとしました。いじめは，その多くが個人的な嫌悪感や欲求不満等に根ざしていることから，知的な側面よりも感情的な側面を重視し，生徒たちにはいじめられる側（被害者側）の視点で，苦戦している人間関係について体験的にとらえることができるようにしました。

2 教材の概要（あらすじ）

短編小説「セッちゃん」（重松清　2000『ビタミンF』新潮社）

　主人公の加奈子は、2学期の始業式に転校してきた同級生「セッちゃん」がクラスでしっくりいかず、みんなから嫌われていることを父母に積極的に話すようになった。「セッちゃんがかわいそうだ」という父母に対して、加奈子は「いじめは悪いことだけど、人を嫌いになるのは個人の自由だ」、「嫌いだから教えない。嫌いだから笑う。嫌いだからシカトする。それは仕方がないことだ」と、自分の意見を強く主張する。（前半部1〜2）

　父母は、加奈子が「来なくていい」という運動会で、一人だけ創作ダンスの振り付けができずに立ちつくしているのを目撃し、ショックを受ける。こっけいでぶざまでかなしい姿のセッちゃんは、実は加奈子自身であり、クラスの女子全員からいじめを受けていたことを知る。加奈子は「セッちゃんと仲良くなった」と嬉しそうに話すようになり、自分がいじめられている事実を父母に話すことができず、作り話の中に逃げる。（中間部3〜5）

　父母は学校に呼び出され、加奈子に対するいじめの全容を知る。父は、家族三人でドライブに出かけ、民芸品店で手に入れた「身代わり雛」の由来を加奈子に話し、手渡す。「セッちゃんは転校していった」、「流しても、いじめは止まらない」と言いながら、加奈子は自分の身代わりになってくれた小さな雛人形を舟に浮かべて川に流し、別れを告げた後、両手で顔をおおって泣く。（後半部6〜7）

　内容項目 A −（3）向上心, 個性の伸長, B −（9）相互理解, 寛容

3 授業の実際

　2時間扱いの授業展開とし、第1時では道徳的価値の自覚につながる読み物教材を分割提示し、主人公の思考・感情・行動に関してグループで意見交

換と聴き合い活動を行いました。相互の価値観やものの見方を受けとめる機会とし，最後にクラス全体で気づいたことや感じたことを分かち合いました。

　第2時では，教材をめぐるシェアリングを受け，ねらいに沿ったエクササイズとして「エンプティチェア」を実施しました。ここでは道徳的価値を知的なレベルではなく，自分自身を取り巻く人間関係について体験的に理解させるようにしました。

	生徒の主な活動	教師の支援・留意点
導入	○教材「セッちゃん」（後半部）を読み，感想をグループで自由に話し合う。 ○発問4　「セッちゃん」と別れた加奈子は，これからどのような行動をとるだろうか。	・加奈子とセッちゃんとの関係について確認する。前時と同様に四人グループで活動させる。 ・ネガティブな自己の分身と決別した意味について考えさせる。
展開	〔ウォーミングアップ〕 ○「インタビューゲーム」を各ペアで楽しみながら行う。 〔インストラクション〕 ○「エンプティチェア」のやり方を説明し，教師が教材の加奈子の気持ちになって，デモンストレーションを行う。 　Aトップドッグ「～するべきだ」 　Bアンダードッグ「～したい」 〔エクササイズ〕 ステップ1「自分の親しい人，安心できる人を空椅子に座らせてみる」 ステップ2「自分の苦手な人，馬が合わない人を空椅子に座らせてみる」 ステップ3「自分が迷っている問題や苦戦している人間関係，もう一人の自分を空椅子に座らせてみる」 〔シェアリング〕 ○エンプティチェアに座ってみて，気づいたことや感じたことを各ペアで分かち合う。	・生徒の人間関係を配慮しながらペアをつくらせ，活動させる。 ・A「自分がいじめられていることはプライドが許さない。親に心配をかけるので相談するべきではない」，B「誰かに打ち明けて気持ちを分かってほしい。いじめを解消して楽になりたい」として，モデルを示す。 ・一人が座る役，もう一人が観察者となり，数分間で交代しながら三つのステップを行う。 ・言葉にしなくてもよいことを伝え，心の中で自己対話することが重要であることを知らせる。 ・いじめを受けている生徒がいる可能性も配慮し，無理のない範囲での柔軟な活動を支援する。 ・自己対話を通して，新たに気づいた自分自身について自由に表明し合えるよう助言する。
終末	○2時間の授業を通して気づいたことや感じたことをシートに記入し，全体でシェアリングを行う。 ○教師の話を聞き，終末とする。	・活動を通して教師が感じたことを簡潔にフィードバックして伝える。シェアリングの中で気になった生徒に対しては授業後，個別に対処する。

「エンプティチェア」とは自分の心の中で対立している二つの考え方（あるいは自分自身）をそれぞれ取り出し，自分がその分身になったつもりで，目の前にある空席の椅子に向かって言いたいことを言い合うワークです。心の中の「自分は〜するべきである」と「自分は〜したい」という二つの分身の対話を通して，「今，ここ」での自分自身の気づきが促されます。二つの分身が相互に反論を重ねながら，心の中の葛藤が統合されていくことが期待され，道徳授業においても幅広く活用できる技法です。

　ペアをつくり，一人が「椅子に座る役」，もう一人が「観察者」となります。二つの椅子を向かい合せにして置き，最初に座る椅子Ａ（ホットシート）と，空席の椅子Ｂ（エンプティチェア）をつくります。座る役は椅子Ａに座って「自分」の気持ちを一人称で語り，向かいの空席の椅子Ｂ（ここに「選んだ人」や「もう一人の自分」が座っていると仮定する）に話しかけます。一通り言いたいことを言ったら，座る役は向かいの椅子Ｂに移動して座り直し，空席になった椅子Ａ（ここに最初の「自分」が座っていると仮定する）に向って反論します。次いで，座る役は再び椅子Ａに移動して反論します。これを繰り返しながら，二つの椅子の間を行き来して自己対話を続けます。

　授業では，観察者が次のような教示を定型的に行い，進行しました。①「まず，空の椅子に座るのはどんな人や考え方ですか」。②「では，選んだ人やもう一人の自分を空の椅子に座らせてください」。③「その人に言いたいことを言ってください。言葉にせず，心の中で話しても構いません」。④「これからは，何度でも二つの椅子を往復して，自分と対話してください」。

4　まとめ

　「エンプティチェア」をエクササイズとして活用した道徳授業では，生徒個々の自己理解が促進され，肯定的な行動変容を期待することができました。
　「とても面白かった。何度も往復しているうちに，選んだ人が本当にいるような気がした」など，有意義な感想が多く語られました。　　　（齊藤　優）

APPROACH 3

モラルスキルトレーニングの理論

1 モラルスキルトレーニングとは

❶ 道徳教育と行為

　道徳教育では時として，教師の意図に反して，本音と建前の使い分けを教えるような事態が起こります。極端な例で言えば，道徳の授業では「いじめは悪いことだ」と答えるのに，実際には級友をいじめているというような事態が起こったりするのです。

　そうした事態を招かないようにするためには，具体的な行為を教えることも必要です。そうしたプログラムとしてソーシャルスキルトレーニングやライフスキル教育などがあります。しかし，これらを道徳授業で実践すると，今度は，「これは道徳授業で行うべきものではない」という批判が浴びせかけられます。これまでの「道徳の時間」は，読み物資料を使った話し合いのスタイルが中心であったからです。また，学習指導要領に基づく道徳教育の基本は道徳的価値を教えることにあると考えられているからです。

　そこで，私たちは，道徳的行為を指導しながら道徳的価値を学ばせるやり方のスキルトレーニングを提案しました。それが，モラルスキルトレーニングです。

❷ モラルスキルトレーニングの要件

　モラルスキルトレーニングは，スキルトレーニングであり，同時に道徳教育です。したがって，行為の指導という一面をもちながら，道徳的価値を学ばせるということになります。そのように定義すると，これまで多くの実践

家たちが行ってきた授業実践の中にもモラルスキルトレーニングと呼ばれるものが入っていたと言えます。それを意識的に一つの道徳授業のスタイルとして提案しようということなのです。簡単なやり方でやるとすれば，スキルトレーニングの部分は次のような流れになります。

> **ポイント**
> ・教示………教師が言葉によって説明する。
> ・モデリング………教師が具体的なモデルを示す。
> ・ロールリハーサル………子どもたちがやってみる。
> ・フィードバックと強化………よかった点をほめることで強化する。また，悪かった点を修正する。
> ・一般化………ほかの場面でも使えるようにするために，たとえば課題を出すなどする。

この流れは，ソーシャルスキルトレーニングと同様ですが，そこに，道徳教材との関連を仕組み，道徳的価値の学びを支援するのが，道徳的なスキルトレーニング，すなわち，モラルスキルトレーニングです。

❸「特別の教科 道徳」との関連

モラルスキルトレーニングは，道徳教科化の議論が起こる前から提案されているものですが，今回の「特別の教科 道徳」の実施の決定によって，今まで以上に導入が容易になったと言えます。なぜなら，平成27年3月に改訂された小学校・中学校の学習指導要領の「第3章 特別の教科 道徳」には，「道徳的行為に関する体験的な活動」という文言が入っているからです。

ここにいう「体験的な活動」は，特別活動や総合的な学習の時間などに行われる体験活動とは違います。職場体験活動のような，学校を離れて行う体験活動ではなく，道徳科の授業で行われる授業方法の一つとして提案されているものです。具体例を挙げれば，役割演技などです。

役割演技は，これまでの道徳の時間でも使用されていました。それは，登

場人物の気持ちを理解するために用いられることが多かったと言えますが，今後は，問題の解決策を考えたり，具体的な行為の仕方を学んだりするためにも利用されることが多くなることでしょう。

さらに，新学習指導要領では，「主体的，対話的で深い学び」（アクティブ・ラーニング）がすべての教科や領域において推奨されることになります。そうした手法の一つとしても，モラルスキルトレーニングは有効だと考えられています。

2 授業のねらい

授業では，具体的な行為の仕方を学びながら，それを通して道徳的価値を学びます。指導のねらいとして，道徳的価値を教えることを外すことはできません。それが，学習指導要領で定められた道徳科の中核にあるからです。

指導案としては，道徳的価値のほかに，身につけさせたいターゲットスキルを記すということも提案されています。スキルとして何を取り上げるのかということが明確になります。

3 授業プランの基本パターン

❶ 事前準備

私たちの実践では，これまで，短い教材を何枚かの場面絵で表現して提示するということを行ってきました。演じる場面を，小学校の低学年にもわかるようにするにはどうするのがよいかと考えての工夫です。このやり方は，小学校低学年に限らず，中学年や高学年でも，中学校でも，また大人向けの研修会でも有効です。こうしたやり方では，絵を準備しておかなければなりません。ですが，写真でもよいでしょうし，プロジェクターで映し出すということでもよいでしょう。

今後，道徳は教科化され，教科書が使用されます。教科書の中にスキルト

レーニングに適した教材が掲載されていればそれが一番使いやすいですが，教科書の様々な教材の中からスキルトレーニング的な展開の可能なものを選び出して使用することもできます。

　スキルトレーニングでは，役割演技のようなことを行いますから，演じることに慣れさせるということが必要です。役割演技は，もともと心理劇という心理療法に由来するものです。心の状態を変化させる力がありますから，使用法に注意しないと心を傷つけるようなことにもなりかねません。たとえば，いじめの場面を演じた場合に，いじめる側の役割を演じた者は何も思っていなくても，いじめられる側の演技者が不登校になるくらいに傷つくということもありえます。いじめのような重い役割演技は避けるべきですが，こうしたトラウマが生じないようにするためには，できれば事前に，役割演技や心理劇で行われるようなウォーミングアップを行い，そうした活動に慣れさせることも必要です。

❷ 導入

　導入は，先に述べたようなウォーミングアップを行う形でもかまいませんし，また，道徳授業で従来行われてきたような，教材と関連することがらを子どもたちに問いかけるようなスタイルでもかまいません。

❸ 展開

　先に，ソーシャルスキルトレーニングと同様の形を説明しましたが，次のようなもう少し複雑な形の提案もなされています。

> **ポイント**
> ・資料提示………道徳教材を提示する。
> ・ペアインタビュー………２人１組で，登場人物になりきって，インタビューし合う。
> ・ロールリハーサル１………ある場面を取り出して，演じる。
> ・シェアリング………演じてみて感想を述べ，意見交換する。

- メンタルリハーサル………教材から離れ,類似した場面の話を聞きながら,具体的な行動をイメージする。
- ロールリハーサル2………そのイメージした場面を演じる。
- シェアリング………演じてみて感想を述べ,意見交換する。

　ペアインタビューは,教材の内容理解にも役立ちますし,役割演技やロールリハーサルのウォーミングアップにもなります。メンタルリハーサルは,換言すれば,イメージトレーニングです。良いイメージを想像できるとそれを実現できる可能性が高まると考えています。ロールリハーサルを2回繰り返すのは一般化を図るためです。

❹ 終末

　終末は,ワークシートに感想を書いて終了します。
　今回の教科化は,教科書を作るだけの教科化ということで議論がスタートしたのですが,文科省の有識者会議から,評価についても提案がなされています。励ます個人内評価であるとか,大くくりな評価であるとか,観点別評価にしないなどの提案です。こうした評価を行うには,そのためのデータが必要です。そうしたものとして,ワークシートに書かせる作業が求められるということです。こうしたワークシートをストックすれば,それはポートフォリオ評価になります。もちろん,これまでの道徳授業のように,教師の説話で終了するということも一つのやり方です。

4　授業のポイントと留意点

❶ ポイント1

　少し複雑な形として紹介したものは,教師も子どもも慣れていないと,時間がかかります。最初は,少し簡略化して取り組んでみてください。たとえば,メンタルリハーサル以降を割愛するということも可能です。示した授業

の流れについては，こうでなければならないとは考えないでください。スキルトレーニング的な要素と道徳的価値を教えるということが含まれていれば，それはモラルスキルトレーニングです。その二つの要件を満たしながら，様々な工夫を凝らしてみてください。

❷ ポイント２

　スキルトレーニングは，望ましくない行動を修正するという一面ももっています。しかし，頭ごなしに「それではだめだ」と言うのではなく，良かった点をほめつつ，「この部分をこういうふうにするともっとよくなるのではないかな」というように，行為の修正を加えてみてください。

❸ ポイント３

　役割演技やスキルトレーニングを取り入れた授業を見学すると，教師が「もっと大きな声で」というような演技指導をしていることがあります。こうした指導をすると，子どもたちの気持ちが，うまく演じることに向かいます。むしろ，小さな声の演技のときには，シェアリングの中で「なぜ小さな声だったの」と，その裏に隠された気持ちを探り出す方が望ましいと言えます。

❹ 留意点

　なにかを演じるということには，心理的な抵抗が起こります。「こんなこと恥ずかしくていやだ」とか，「みんなにへたくそと言われるんじゃないか」とか，「ばかばかしくてやってられるか」とかの気持ちが起こり，取り組めないという事態になることがあります。そうした場合には無理強いすることなく，まず，「演技をしても誰もばかにしたりしない」という集団の雰囲気をつくることが大切です。みんなが楽しめるエクササイズなどの導入によって雰囲気づくりから始めましょう。悪ふざけが起こるような場合は，事前に「悪ふざけはしない」「演技のあとにはかならず拍手をする」などの簡単な約束事を示すというやり方も有効です。

（林　泰成）

APPROACH 3

モラルスキル トレーニングの実践

1 アプローチの魅力と授業のねらい

❶ モラルスキルトレーニングの魅力

　モラルスキルトレーニング（以下 Most と表記）とは，授業で「道徳的行為を実際にやってみる」というところに大きな意味があります。「わかっている」けれど「できない」道徳的行為の練習をするという授業構成は，文部科学省の示す質の高い指導方法としても適していると考えています。

　「トレーニング」の言葉から，ドリル的な練習や教え込みの授業になったりするのではないかと想像されるかもしれませんが，そうではなく，子どもたちの創造性を生かしながら，道徳的価値の再構成を目指す指導方法です。また，Most は，道徳的場面を想定したスキルトレーニングですので，従来の読み物資料と連動させたプログラムをつくることも可能です。

❷ 本時のねらい

　「二わのことり」は低学年でよく実践される資料です。多くは，「友情，信頼」の主題で実践されています。今回は，「希望と勇気，努力と強い意志」の主題で授業構成を考えました。それは，主人公「みそさざい」の気持ちが大きく揺れる場面は，「こっそり」うぐいすの家を抜け出す場面だと考えたからです。

　そこで，「こっそり」うぐいすの家を抜け出さなくてもよい方法をロールプレイングで考えていきます。シェアリングでは，みそさざいだけでなく，みんなが嬉しい気持ちになる方法に気づかせていきます。そこから，行動目標を設定し，よい行動の仕方を具体的にロールプレイングで練習します。

2 教材の概要（あらすじ）

【資料1 「二わのことり」 小学校道徳の指導資料 文部省 1967】
　みそさざいは，やまがらから誕生会の案内をもらっていたけれど，みんなとうぐいすの家に行ってしまいます。みそさざいは，楽しく過ごしながらも，寂しがっているやまがらの気持ちを考え，「こっそり」うぐいすの家を抜け出します。

【資料2　メンタルリハーサル用資料　自作資料】
　資料1で話し合われた行動目標を使ってロールプレイングできるお話を準備します。今回は，放課後，友だちと遊ぶ約束をしていた主人公が，けがをしている別の友だちから遊びに誘われて悩みながらも，勇気をもってみんなに声をかけるという内容に設定しました。

3 授業の実際

❶ 資料の提示

　資料を教師が読み，登場する鳥の区別がつくように，イラストを掲示しながらあらすじをとらえさせます。読み終わったあと，みそさざいの行動を確認します。これは，どちらの家に行ったらいいか迷うみそさざいの葛藤と，「こっそり」抜け出すことへの後ろめたさに共感させるためです。

❷ ロールプレイング1・シェアリング

　みそさざいが，「こっそりうぐいすの家を抜け出さなくてもよい方法」を一人ひとりが考えます。ワークシートに自分の考えを記入したあと，ロールプレイングをします。
　そして，演者・観客がロールプレイングの感想を発表し合い，どの行動が，「こっそり」抜け出さなくていい方法かについて話し合います。

C1（演者）：うぐいすさんに「やまがらさんの家に行ってくるね」
T　　　：どうしてそうしようと思いましたか？
C1（演者）：やまがらさんがかわいそうだから。
C2（演者）：「うぐいすさんも一緒に誕生会にいきましょう」
C3（演者）：みんなに向かって「みんなで，一緒に行こうよ」
T　　　：どうしてみんなで行くのかな？
C3（演者）：大勢だとやまがらさんも嬉しいから。
C4（観客）：みんなが来てくれると，誘ったみそさざいさんも嬉しい。

> **ポイント**
>
> みそさざいとやまがらが気持ちいいだけでなく，うぐいすやほかのみんなにとっても，よい方法があることに気づかせましょう。

T　　：今のロールプレイングでいいなと思ったところはありませんか。
C5：相手の目をしっかり見ていて，やまがらさんのところに行きたい気持ちがよくわかりました。
C6：優しい声で言っていたのがいいと思いました。
C7：うぐいすさんに話しかけるときに，「えいっ」って感じがしました。
T　　：自分の気持ちを伝えるときは勇気も必要なんだね。

> **ポイント**
>
> シェアリングする中で，行動目標についても気づかせていきましょう。本時のねらい「勇気をもって」の行動目標が出されるように。

❸ メンタルリハーサル・ロールプレイング2

T：目を閉じて，お話（資料2）を聞いてください。お話を聞きながら，頭の中でロールプレイングをします。
T：頭の中で考えたロールプレイングをグループでやってみます。

【板書例】

4 まとめ

【児童ワークシートより】

A:「最初勇気がなかったんだけど,DさんとMさんがにこにこ顔で言っていたのを見て,自分も勇気をもとうと思ってがんばって言いました」

B:「前に,ちがう遊びがやりたい時,「やってもいい?」と言えませんでした。勇気がたりなかったからかなと,この授業で思いました。これからは,勇気をもっていこうと思いました」

C:「やさしい声や気持ちをもって,相手の目を見ることを考えたいです」

　これらの記述から,子どもたちはロールプレイングを体験することで,具体的な行動を身につけるとともに,よい行動を理解し実践していこうとする意欲をもつことができたと考えます。

　今回は,1時間で授業を行いましたが,1次のねらいをみそさざいの心情に深くよりそう「友情」とし,2時間扱いとして行うことも可能です。

(田原　早苗)

APPROACH 3

モラルスキルトレーニングの実践

1 アプローチの魅力と授業のねらい

❶ モラルスキルトレーニング（Most）の魅力

Mostの魅力は，道徳的な行動に特化して行われることです。これまでの道徳では，この方法は批判的にとらえられることもありましたが，教科化に伴う「道徳教育に係る評価等の在り方に関する専門家会議」の報告においても，道徳的行為に関する体験的な学習の中に「役割演技」が挙げられており，まさにその方法に当てはまるアプローチがMostと言えます。

❷ 本時の授業のねらい

自分自身のよいところを知り，クラスでの役割について理解する。
A-（3）向上心，個性の伸張（関連項目A-（1）自主，自律，自由と責任）

❸ 目標スキル

仲間とのかかわり（認め合い等）の活動を通して，自分自身を肯定的にとらえ，クラスの一員としての大切な存在であることを自覚する。

❹ 行動目標

①クラスの仲間のよいところを素直に認められる。
②認めたよいところを素直に相手に伝えられる。
③仲間との認め合いの中で，自身を見つめる。
④自分自身に自信をもって行動する。

2 教材の概要（あらすじ）

【教材1　自分の見方（小泉吉宏　2003「ブッタとシッタカブッタ2　そのまんまでいいよ」　メディアファクトリー刊より）】

【教材2　「3年生の不安」】

　　夏休みを迎える前に，T中学校の3年生は，2学期に行われる体育祭や合唱コンクールに向けての係決めを行うことになっていました。T中学校はとても小規模な学校なため，3年生のほぼ全員が何らかの係を担当しなければ行事は成り立たない状況です。しかし，生徒会の役員や学級委員などは，係を兼任することはできず，それ以外の人たちの中から，応援団長や合唱実行委員長などの大役を選出しなければならないことになっていました。3年生の誰もが，その大役に適任なのは誰か，誰が引き受けてくれるのかを不安に思っていました。その係決めを明日に控えた放課後，何の役でも積極的に引き受ける悟は，生徒会長の正一が，仲良しの一樹にとても真剣な表情で話しをしているのを聞いてしまいました。

　　正一：「なあ一樹。明日は係決めだけど，きっと応援団長には悟が立候補してくると思うんだ。だから，一樹には副団長として悟のサポートをしてもらえないだろうか？　ユーモアもあるし，発想も豊かだし，責任感も信頼もあるしさ。悟はとても積極的だしリーダーにも向いているとは思うけど，ときどき仕事を投げ出してしまった

りするだろ？　だから責任感の強い一樹にサポートしてもらって，体育祭を成功させたいんだよ」
一樹：「えーっ！　俺が副団長！　今までほとんどリーダー的な役はやったことがないのに俺にできるかなあ？」
悟　：「俺って………」（そこに教室の入り口の戸の陰から悟が出てきた）
出典：林泰成編著『中学校　道徳授業で仲間づくり・クラスづくり　モラルスキルトレーニングプログラム』明治図書

3 授業の実際

❶ 本時の流れ

本時の流れは下記のように進め，仲間同士でよさを認め合うためにはどのように声をかけるべきなのかを考える活動を通じて，自分自身のことを振り返らせ，自己尊重へとつなげます。

①教材１の提示　②ペアインタビュー　③教材２の提示　④ロールプレイング１　⑤シェアリング１　⑥リフレーミング的エクササイズ　⑦ロールプレイング２　⑧シェアリング２　⑨振り返り

教材１の提示後，登場人物の心情についてペアインタビューを行います。その後，教材２を提示し，会話の続きを考えて１回目のロールプレイングを行い，代表による演技からシェアリングへとつなげて，共有化を図ります。次に２人組のペアをつくり，リフレーミング的エクササイズ・相手のよいところをほめ合う活動を行います。その後は，自分の短所について相手から演技してもらい，その自分に声をかける２回目のロールプレイング，代表による演技へとつなげ，最後のシェアリングを行います。以上のことから，仲間の目を通して自己を見つめることにより，自己のよさや役割を認識させ，向上心と個性の伸長を図り，自己尊重へとつながる態度を育みたいです。

❷ 生徒の様子

　全校で行う道徳も初，Most も初の生徒でしたが，みんな伸び伸びと授業に参加することができました。授業後には，「いつもと全く違う道徳であっという間だったし，演技することが楽しかった」との声も聞かれました。動きのある授業は，生徒にとって魅力的なようでした。また，「自分の短所が長所にもなり得ること，そうするための方法がわかったので，いろいろな場面で活用したい」との感想もあり，初 Most としては，収穫が大きかったと実感できました。

ペアインタビューの様子

4 まとめ

　ご紹介した Most は，あくまでもスタンダードな方法での実践です。ほかのアプローチと併用してみたり，問題解決的な学習，読み物教材による学習等で培われた道徳性を，さらに行動へとつなげるために取り入れてみたりするなど，いろいろな可能性をもっていると考えます。ただ，本実践の場合は，1時間で実践するには内容が盛りだくさんなので，可能であれば，2時間構成で実施し，一つ一つの活動に十分時間をかけられると，より広がりのある授業展開が期待できます。また，容易に Most を仕組むことが可能な，既存の教材も多数存在するので，あまり難しく考えず，構えずに，気軽に実践してほしいと思います。より多くの内容項目で Most が実践されること，その時々の生徒の状態から必要な Most を組むなど，今後のさらなる広がりに期待したいです。　　　（安中　美香）

役割演技の様子

APPROACH 4

モラルジレンマ授業の理論

1 コールバーグ理論とは

　モラルジレンマ授業はコールバーグ博士（1926-1987）が提唱する道徳性認知発達理論に基づいています。博士は「人間的なよさ」と定義される道徳性の本質を「正義, justice；公正公平, fairness」ととらえ, この普遍的な道徳的価値についての発達の道筋を, 3水準6段階と仮定し, 理論化しています。

❶ 道徳教育の目的は道徳性の発達にある

　コールバーグ（Kohlberg, L）は道徳性の発達を, 道徳的な判断や推論, 道徳的な認識（見方, 原理）の変化（認知構造における分化と統合の増大）ととらえます。同じ行為であっても, なぜそれが正しいのか, よいことなのかについて, その理由を道徳性の発達という枠組みで分析すると質的に異なるというのです。それが3水準6段階からなる道徳性の発達段階です。なおこの発達は認知能力と役割取得能力の発達が結びついてもたらされると仮定します。図1に示された認知能力はピアジェの認知・思考の発達に対応し, 役割取得能力はセルマンの役割取得理論に依拠しています（荒木, 1992）。知的にいくら優れていても, 他者に対する関心や他者を認める役割取得能力の発達がなければ, 道徳性の発達は期待できません。また, 2つの能力がいずれも発達していない時期には低次の道徳性の段階に留まります。2つの能力が発達するのに伴い, 人は次第に高次の道徳性を身につけていきます。コールバーグは道徳教育の目的を子どもたちの道徳性を今ある状態からより高

次の道徳性に発達させることだとしています。

年齢	認知能力	道徳性の発達			役割取得（社会的視点取得）能力
		水　準	段　階		
大人／高校生／中学生	形式的操作	Ⅲ 慣習以降の自律的、原理的原則水準	六	普遍的な倫理的原則の道徳性	全人類を含む普遍的な視点
			五	人種と社会福祉の道徳性	社会システムに先行する個人の視点
	具体的操作（可逆的）	Ⅱ 慣習的水準	四	社会システムの道徳性	抽象的な社会的な視点
			三	対人的規範の道徳性	他者との関係における視点
小学生		Ⅰ 前慣習的水準	二	個人主義、道具的な道徳性	具体的な個人的な視点
			一	他律的な道徳性	自己中心的な視点
	前概念的操作		〇	自己欲求希求志向	

図1　道徳性の発達と構造（荒木，1990を修正）

❷ 発達には水平的発達と垂直的発達の２種類がある

　発達には二つの方向があります。図1に示されたように段階一から段階二への段階移行、これを垂直的な（vertical）発達と呼びます。その発達は非常に緩慢で年単位で生じます。この垂直的な発達が生じるためには、水平的な（horizontal）発達（ある発達段階特有の思考様式を色々な機会に様々な道徳場面で適用できるようになり、安定した思考様式として固定する）を必要とします。この水平的な発達が十分になされない限り、より高次の解決を生む垂直的な発達は生じません。段階二の入り口に達すると次に段階一と段階二の思考様式を繰り返すようになります。さらに段階二の思考様式が安定し突出すると段階三的な思考様式が現れ、次いで段階三が安定し、さらにその後段階四へ垂直的な発達が生じる、といった具合です。

❸ オープンエンドのモラルジレンマ教材を用意する

　道徳性の発達は道徳的な価値について生じる不均衡を均衡化する働きの中で、より高次の認知的構造を獲得することによってもたらされます。このため子どもたちを不均衡な状態に置くオープンエンドのモラルジレンマ（道徳

的な価値葛藤）教材を必要とします。これまで開発したモラルジレンマ教材は小学生用で140本，中学生（高校生を含む）用で99本に及んでいます。

この教材はその構造から大きく二つに分けられます。タイプⅠのモラルジレンマは，一つの道徳的な価値についての当為をめぐって生じる葛藤を扱っています。「お土産に頂いたケーキは姉弟で等分に分けられない。一人だけが1個余分に食べられる。その権利をもつのは誰か」といった問題です。このジレンマは構造が比較的単純なので低学年の子どもには取っつきやすいです。これに対してタイプⅡでは2つ以上の道徳的価値の間で生じる当為をめぐる葛藤が問題とされます。いずれのタイプのジレンマも認知と感情が関与しており，苦渋の決断を伴う場合があります。モラルジレンマ授業の実践例ではいずれもタイプⅡのジレンマ教材が使われています。

2 授業のねらい

私たちは，「道徳の時間」を「子どもの主体が生かされた学ぶ値打ちのある楽しい時間にしたい」と願って，1982年頃から「モラルジレンマを集団討議によって解決に導く過程を通して，児童生徒一人ひとりの道徳的判断力を育成し，道徳性をより高い発達段階に高める」ことをねらいとして授業研究を始めました。道徳的な問題解決を通して，人間尊重を基本としながら，人間としての在り方や生き方を追究する主体的な人間の育成をめざした授業です。またこれと並行して，モラルジレンマ教材を開発し，道徳性発達検査や役割取得検査等の標準化に努め，研究成果を公表してきました（荒木，1997，2015）。

3 授業の基本パターン

コールバーグはソクラテスの産婆法（問答法）や人間主義心理学を打ち立てたロジャーズの非指示カウンセリング技法（他者心理に共感）から大きく影響を受け，それらを統合した民主主義に立脚した討論や話し合い法を提案

しています（コールバーグとメイヤー，1972）。そこでは対話と傾聴が重視されています。私たちは授業を討論による道徳的な問題解決学習と考え，授業のねらいである「道徳性の発達」を達成するために表1のような4段階の授業過程を想定してきました（前田，荒木他，1983）。

❶ モラルジレンマ授業の基本型

　授業は3パターンあり，第1のパターンは1時間扱いの授業，第2のパターンは基本モデルの1主題2時間授業です（表1）。第3のパターンは事前に宿題等の形で第1次判断・理由づけを済ませた討論授業です（1.5時間扱い）。

表1　1主題2時間の指導過程（荒木，2005）

次	段階	指導過程	内容
第一次	① モラルジレンマの共通理解	・モラルジレンマの提示	主人公の置かれた状況を立ち止まり読みの方法を用いて，読み取りの誤りを修正したり，道徳的な価値の生起する状況を共通理解する。主人公に役割取得し，道徳的な葛藤を明確につかむ。小集団討議（ペアトーク）を活用する。
	② 自己の考えの明確化	・第一次の判断・理由づけ	道徳的な葛藤の場面で主人公はどうすべきか（当為）を判断し，その理由をワークシートに書く。
1日～1週間			道徳性発達段階の定義に照らして判断・理由づけ書き込みカードを分類整理（発達段階の同定）し，第二次指導過程を検討する。ザイガルニック効果（未完了課題は記憶に留まる）により子どもたちの授業への動機づけは高い。
第二次	③ モラルディスカッション	・ジレンマの再確認	第二次のはじめとして，主人公の葛藤状況を再確認し，道徳的な葛藤を明確につかむ。
		・自己の考えの確認と他者の考えの検討	学級全員の理由づけを分類した書き込みカードに，各自の意見（賛成・反対・質問など）を書き込むことにより，自分とは異なる他者の考え方に気づく。
		・モラルディスカッション1	各自の書き込みをもとにして，いろいろな立場からの理由づけに対して相互に意見を述べ合い，意見の対立点（論点）を明確にする。学級集団，ペアトークを活用する。
		・モラルディスカッション2	最終的な判断・理由づけを各自が導き出すために，論点についての討論を深め，個人の自立性を損なわずに相手に示唆を与えながら，自己の考えをたしかなものにする。
	④ 第2次の判断理由づけ		道徳的な葛藤の場面で主人公はどうすべきか（当為）を再度判断し，自分のもっとも納得のいく理由づけを決定し，ワークシートに書く。

❷ モラルジレンマにおける発問計画

　モラルジレンマ授業での「発問」は，問題の解決に向けて，子どもたちの討論を活発にし，新たな認知的不均衡をもたらし，道徳性の発達を促すために重要です。特に道徳性の発達にかかわる発問には次の4つがあります。
①役割取得を促す発問：主人公や登場人物，人一般，国の立場で問題を見つめ直すことが新たなジレンマを生み出すことがある。
②結果を類推する発問：このことにより，考えの不十分な点や欠点に気づく機会となる。
③認知的不均衡を促す発問：主張と矛盾することを突きつけ，その時点での問題点や思考の限界に気づかせ，より高い段階の考えに導く。
④道徳判断を求める発問：主人公はどうすべきか判断し，その理由を書かせる。あなたならどうする，自分だったらどう判断するかで判断させない。

4　授業のポイントと留意点

　ソクラテス技法と非指示カウンセリング法を取り入れたオープンエンドのモラルジレンマ授業を行っていく上で教師に求められる基本的な態度には，次の4点があります。
①教師自身，心理的に安定している。
②子どもについて，優れている，劣っているといった評価的な判断を控える。
③子どものそのような言動を取らざるを得ない事情を認め，受容する。
④子どもの学習を助ける水先案内，補助，介添えとしての役割をはたす。
　次に，子ども同士が活発に相互作用し合い，討論できる学級環境をつくるために，教師が配慮すべきことがらを以下に列挙します。
①学級を，公正と正義を重んじ，思いやりを大切にする道徳的雰囲気とする。
②学級は特定の個人や集団のものでなく，「私たちのもの，みんなのもの」という意識をもたせる。
③民主的でお互いの意見を自由に論じ合える学級風土を大切にする。そのた

めに間違う自由を保障し，温かい受容的な雰囲気を日頃から育てる。
④教師は，「正しい答えはこうだ」「それは間違っている」などと自分の考えを押しつけたりしないで，一人ひとりの意見に耳を傾け，ねらいに合った考えや回答だけを選択的に取り上げるのでなく，子どもが十分に考えて，主人公はもちろんのこと登場する様々な人のことを考えて，どうあるべきかを子ども自身の責任において意思決定できるよう配慮することである。
⑤教師の計画する話し合いに固執せず，子どもの自発的な発言に耳を傾け，その流れを尊重する。

（荒木　紀幸）

【引用・参考文献】
○荒木紀幸　1990　道徳性の発達と構造　『ジレンマ資料による道徳授業改革』明治図書　p.54.
○荒木紀幸　1992　9章　役割取得理論－セルマン，日本道徳性心理学研究会編著『道徳性心理学—道徳教育のための心理学』北大路書房　pp.173-190.
○荒木紀幸編著　1997　『続　道徳教育はこうすればおもしろい』北大路書房
○荒木紀幸編著　2005　『モラルジレンマ資料と授業展開　第2集』小学校編，中学校編　明治図書
○道徳性発達研究会・荒木紀幸　2015「兵庫教育大学方式によるモラルジレンマ授業の研究—コールバーグ理論に基づくモラルジレンマ授業と道徳性の発達に及ぼす効果について—」『道徳性発達研究』第9巻　第1号　pp.1-30.
○前田和利，荒木紀幸，吉田重郎，八重柏新治，德永悦郎，畑耕二（兵庫教育大学道徳教育研究会）1983「Kohlberg 理論に基づく道徳授業実践の研究」授業実践研究会資料，大阪大学
○ Kohlberg, L., & Mayer, R.　1972　Development as the aim of education. Havard Educational Review. 42.4, pp.449-496.

モラルジレンマ授業について詳しく知りたい方は以下を参考にして下さい。
○荒木紀幸編著　1988　『道徳教育はこうすればおもしろい』北大路書房
○荒木紀幸編著　1993　『資料を生かしたジレンマ授業の方法』明治図書
○荒木紀幸監修・道徳性発達研究会編　2012, 2013『モラルジレンマ教材でする白熱討論の道徳授業』小学校編，中学校・高等学校編　明治図書
○荒木紀幸編著　2017　『考える道徳を創る　新モラルジレンマ教材と授業展開』小学校編，中学校編　明治図書

荒木たちが開発した「道徳性の発達」関連の客観検査には次のものがある。
○道徳性発達検査〈ファネスマインド〉小学生（低・中・高）版と中学生版
○役割取得（社会的視点取得）検査　幼児―小学生対象（木の上のネコ），中学・高校生対象（アルメニア大地震）
いずれも（株）トーヨーフィジカル（092-522-2922）から出版

APPROACH 4

モラルジレンマ授業の実践

1 アプローチの魅力と授業のねらい

❶ モラルジレンマ授業の魅力

　モラルジレンマ授業は，モラルジレンマ教材を用い，主人公がどうすべきかについて判断し討論することで，児童一人ひとりの道徳性の発達を促すことを目的とした授業です。開発されている多くのモラルジレンマ教材には道徳的価値葛藤場面と，その根拠となる登場人物の立場・心情・行為等が設定されています。また授業では，討論の質を高め，児童の思考を促す指導過程，発問等が考えられています。これからの道徳の授業に求められる「考える道徳」「議論する道徳」そして「問題解決的な学習」に向けて，教材＋授業方法がセットになった有効な方法です。

❷ 本時の授業のねらい

	本当のことを話すべき	本当のことを話すべきでない
段階1 罰回避－従順志向	・マルコにうそをつくのは悪いことだ。 ・黙っていたら警察に捕まってしまう。	・キャットピープルの掟だから。 ・タイガーの罰をうけるから。
段階2 道具的互恵主義	・マルコに悪い親と思われ，きらわれるから。	・掟を守ったら仲間がほめてくれる。
段階3 良い子志向	・父親としてマルコを悲しい気持ちにさせてはいけない。	・仲間に迷惑をかけ，正義の味方としての仕事ができなくなる。

判断・理由づけの段階表

授業では，C−(12) 規則の尊重とC−(15) 家族愛，家庭生活の充実の間の葛藤を解決するための話し合いを通して，左記の表に示したような一人ひとりの道徳的思考（理由づけ）の段階を高めることがねらいです。

2 教材の概要（あらすじ）

　「キャットピープル」（出典：荒木紀幸監修・道徳性発達研究会編『モラルジレンマ教材でする白熱討論の道徳授業＝小学校編』明治図書）
　キャットピープルは，特別な力をもち，人々の暮らしや平和を守る正義の味方であり，チータもその仲間の一人です。キャットピープルには，その正体を誰にも知られてはならないという掟があります。もし知られてしまうと，平和を守る活動ができなくなってしまうのです。ある日チータは，息子のマルコと待ち合わせをしました。ところが待ち合わせ場所の近くで銀行強盗があり，チータはそれを捕まえ，警察が到着したことを確認し，銀行の窓から出てきました。それを見たマルコは，チータに銀行強盗との関係を尋ねます。

3 授業の実際

❶ 授業の事前準備（1回目の判断・理由づけ）

　授業の前に，朝自習や宿題を利用して一人ひとりが教材を読み，1回目の判断・理由づけを行います。これは，授業を行う上で次の3つの利点があります。①一人ひとりの考えを把握できる。②授業で用いる「書き込みカード」を作成できる。③発問や論点となりそうな部分についての準備ができる。なお，1回目の判断は「話すべき」12名，「話すべきでない」14名でした。

❷ 授業の初め（10分程度）

　教材を読み，次の発問により葛藤状況の共通理解と明確化を行ないます。
　　○なぜ本当のことを言ってはいけないのですか。

○言えばいいのに，チータはなぜ迷っているのですか。

❸「書き込みカード」への記入（5分程度）

　授業でのディスカッションの時間は限られており，すべての児童の考えを聞くことは不可能です。そこで，事前に行なった1回目の判断・理由づけをもとに，右のような「書き込みカード」を作成し，意見や質問を書き込ませます。なお，書き込みの留意点は次の2点です。①すべてに書き込む必要はない。②自分と判断が同じでも反対意見を書いてもよいし，判断が違っても賛成意見を書いてもよい。

キャットピープル			年　名前（　　　　　）	
本当のことを話すべき		本当のことを話すべきでない		
理由	意見や質問	理由	意見や質問
1　うそをつくのは良くないことだから。	うそをついてしまったら家族にもしん配がかかるからきずつけてしまうから	1　キャットピープルのおきてだから。	×
2　マルコに銀行強盗だと思われてしまうから。	×	2　言うとマルコは，お父さんのことをもっと心配になるから。	×　平和を守るお父さんだと分かれば，安心すると思うから。
3　マルコがお父さんのことを心配しているから。	○　お父さんは,本当は,悪者なのかと，不安で心にきずがつくから。	3　仲間にめいわくがかかるから。	○
4　家族は何よりも大切なので心配させてはいけないから。	○	4　正体を知られると平和を守ることができなくなるから。	○

❹ モラルディスカッション1（自由に意見を述べ合う。10分〜15分程度）

　ディスカッションでは，「掟だから，守らないといけない」「仲間に迷惑がかかるし，キャットピープルの仕事ができなくなる」という意見と，「仲間のことだけじゃなく，自分の子どもの気持ちも考えないといけない」「お父さんを強盗だと思ってしまう」という意見が対立しました。その他様々な意見が出されましたが，終盤は「正体を知られたら平和を守ることができなくなる」「キャットピープルのおかげで町が平和なので，この掟は重要だ」「チータが正体を知られたらみんな活動できなくなる」という意見が大勢を占めました。

❺ モラルディスカッション２（論点を絞って意見を述べ合う。10分〜15分程度）

モラルディスカッション１では，掟を守ることの意義や，掟を破った結果起こり得ることが活発に意見として出されました。そこで，もう一方の価値（家族愛）について考えさせるため，次のような発問で，論点を整理しました。

> **ポイント**
> ○掟を守ることの大切さは，みんなの意見でよくわかりました。でも，言わなかったらマルコはどんな気持ちになる？（役割取得を促す発問）
> 　「お父さんを信じられなくなる」「強盗だと思う」等
> ○その結果，家族の関係はどうなっていくと思う？（結果を類推する発問）
> 　「仲が良かったのに，仲が悪くなる」「家族の信頼がこわれる」等
> ○みんながマルコだったら本当のことを言ってほしい？
> 　挙手で確認　→　ほとんどの児童が言ってほしいに挙手
> ○それでも掟を守る必要があるの？それはなぜ？
> 　「マルコの気持ちもわかるけど」「一人より大勢の人のため」等

❻ ２回目の判断・理由づけ（５分程度）

ディスカッション終了後，良いと思った意見を取り入れ，２回目の判断・理由づけを行います。なお，１回目と２回目の比較により授業評価ができます。

4 まとめ

授業前後で判断の変更は３名でしたが，理由づけでは，「マルコには悪いけど町の大勢の人がかかわることだから」「家族の信頼という一番大切なものが壊れてしまうから」というような段階３の考えが増え，全体として13名に道徳的思考の段階上昇が見られました。

（堀田　泰永）

APPROACH 4

モラルジレンマ授業の実践

1 アプローチの魅力と授業のねらい

❶ モラルジレンマの魅力

　人間の生きる姿で織り成す人生は，いわば「判断の連続体」です。したがって，判断の基盤としての「判断力」が人生を方向づけると言えましょう。
　モラルジレンマでは，その「判断」と「判断力（理由づけ）」を一体的に問うことを出発点に，全員で考え議論し，より高い発達段階からの見方や考え方を導出し検討しながら，道徳的価値に対する概念砕きや再構築が図られます。二つの屹立する価値が衝突する「価値葛藤」を扱うことで，いずれの主張も説得力のある根拠を有し，多面的・多角的な議論が期待できるのです。

❷ 本授業のねらい

　電車内で化粧することの是非について議論することを通して，公共の場における自他の自由のバランスを考慮し，時処位に応じた判断・理由づけを行い，よりよい公共マナーを築いていくための道徳的判断力を養います。

2 教材の概要

　産経新聞（平成28年10月31日夕刊）によれば，車内化粧を批判的に描いた東急電鉄の広告動画が波紋を呼んでいるそうです。「『みっともない』という理由だけでなぜ批判されるのか」との反発の声が上がる一方で，「恥ずかしいことだ」「ファンデーションが服につく」などの意見もあったといいます。

本教材は，この新聞記事を中心に据え，電車内でのマナーの在り方を切り口にして，自由と勝手気ままの境界線や，寛容，責任，自律についての異なる見方や考え方を提示し，その根拠の正当性や合理性等について議論し，公徳心や個の自由について深く追求していきます。

　なお，次の情報も提示します。一つ目は，平成27年度の駅・車内での迷惑行為ランキングで，1位「騒々しい会話」(38%)，2位「座り方」(31%)，3位「乗降時マナー」(30%)，……，8位「車内化粧」(17%)であり，二つ目は，車内化粧に対する「許容」・「経験あり」の割合が，それぞれ10～20代で30%・56%，50代以上で14%・14%となり，世代間格差があることです。

3 授業の実際

❶ 第1次の勘所

車内化粧を禁止すべきである	車内化粧を禁止すべきでない
段階1　罰回避と従順志向，他律的な道徳	
・不愉快に思っている大多数の人から，苦情や不平を言われると悲しい。	・許容してほしいと願う多くの若者から批判されるのは辛い。
段階2　個人主義・道具的な道徳性	
・禁止すれば社会的な注目を浴び，労せずして鉄道会社の宣伝になる。	・声の大きな若者の機嫌を取っておけば，鉄道会社の儲けに繋がる。
段階3　良い子志向，対人的規範の道徳性	
・化粧したいと思う個人より，不愉快に思う多数の自由を保障することで，多くの人に喜ばれる。 ・化粧はほかの場所でもできるが，それを間近で見せられる方は逃れようがなく，気の毒である。 ・個人の自由は，気持ちよく車内で過ごしたいと思う他者の自由を侵さない範囲で保障される。	・車内の化粧にはよほどの事情があるはずで，禁止してはその乗客に申し訳ない。 ・物理的に迷惑をかけない範囲なら，個々の考えで自由に快適に過ごしてよいはずであり，車内化粧はその範囲内のものである。 ・実害が少ないなら，周囲が寛容になって個々に自由が付与されるように心を配りたい。
段階4　社会システムと良心の道徳性	
・恥と思わないのは人間関係が希薄である証であり，そうした社会的風潮に一石を投じたい。 ・公私の別を意識し，あるべき公共性を明確に提示した上で，それを目指す社会の構築に貢献したい。	・これは法より道徳の問題であり，ルール作りは急がず，個々のマナー向上を啓発していくべきである。 ・社会的な合意形成が図られていない状況の中で，一企業の判断で個人の自由を制限してはならない。

第1次では，主として，(A)登場人物の葛藤場面を読み取り共通理解する「価値葛藤の明確化」，(B)道徳的な葛藤場面で価値選択し，理由を書き込みカードに記す「主体的な価値選択（1回目）」の2点を大切にします。なお，授業前には，前頁のようなコールバーグの道徳性発達段階に照らした価値分析表を準備し，生徒の理由づけの分類に資したいものです。

❷ 第2次の勘所

　第2次では，主として，(C)学級全体の理由づけを分類した授業プリント（下図参照）に意見を書き込む「他者の価値選択に対する検討」，(D)多様な立場の理由づけについて相互交流し，意見の対立点を明確にする「自他の考え方に対する相互吟味」，(E)焦点化された論点について，相手に示唆を与えつつ自己の考えをより深くたしかなものにする「相互の練り合わせ」，(F)改めて最終の判断を行い，自分の最も納得する理由を書き込みカードに記す「主体的な価値選択（2回目）」の4点を大切にします。

車内化粧を禁止すべきである			車内化粧を禁止すべきでない		
理　由	○×	意見や質問	理　由	○×	意見や質問
1．不愉快な多数の人の苦情や不平で悲しくなる。			1．3割程度の若者から批判されるのは辛く厳しい。		
2．禁止すれば社会の注目を浴び，鉄道会社の宣伝になる。			2．声高な人の意に沿えば，鉄道会社の儲けに繋がる。		
3．大多数の自由を保障すべきで，個人の自由は制限される。			3．個々の事情を顧みず，無暗に制限してはならない。		
4．公私の別を意識した社会づくりを啓発し社会貢献したい。			4．社会的同意がなく，一企業が判断してはならない。		

　特に重要なのが，(D)(E)のモラルディスカッションです。授業プリントの「意見や質問」欄をもとに交流し，いくつかの論点を導出した後，相互

の共感的・批判的な見方や考え方を通して,自他の根拠・理由づけをより洗練されたものにしていくのです。なお,本教材の論点としては,「(ア)車内化粧はマナー違反か。マナーの意味や意義とは何か」「(イ)マナーや美意識の問題をルールや法で縛れるか」「(ウ)自由が保障される条件とは」等が考えられます。

また,時間的に可能な範囲で,「化粧は満員時でなければよいか」「口紅やまつげを整える程度ならよいか」「匂いがなければよいか」のように条件を変えたり,「リップクリーム,ペットボトル,おにぎり,弁当,お酒」等,化粧以外の対象と比較したりして,多面的・多角的に考察したいものです。

【板書例】

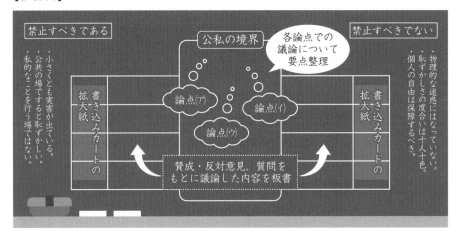

4 まとめ

モラルジレンマでは,価値と価値,あるいは価値観と価値観が激しく衝突する場面に対峙させ,判断・理由づけを出発点に考え議論することで,中央教育審議会答申『道徳に係る教育課程の改善等について』が言う「今後出会うであろう様々な場面,状況において,道徳的行為を主体的に選択し,実践するための内面的な資質・能力」を養うことを期待しています。道徳科時代に向けて高く飛翔する可能性を秘めた授業理論です。　　　　　　（荊木　聡）

APPROACH 5

総合単元的道徳学習の理論

1 総合単元的道徳学習とは何か

　子どもの道徳学習は，様々な場面で行われています。それは，各教科，領域などの区分を離れて連続性をもち，かつ家庭や地域社会を含む全生活圏において行われます。総合単元的道徳学習は，その中で特定の道徳的価値に関する意識の流れを押さえ，子どもたちが連続的に道徳学習を発展させられるように支援していこうとするものです。

　「総合単元的」という言葉は，既存の総合単元学習にこだわることなく，現実に即した多くの単元のくくりを考えながら，子どもたちの道徳学習の多様なパターンに適応していくようなプログラムの開発を願って使われています。また，「道徳学習」という言葉が使われるのは，子どもたち自らが道徳性の育成を豊かに図り，かつよりよく生きることを主体的に考え，実行する子ども主体の道徳教育のあり方を探ろうとする意図があります。

2 総合単元的道徳学習が目指すもの

　道徳教育は，学校教育全体を通して行われることから，本来総合単元的な学習を必要とします。平成27年3月に告示された「特別の教科　道徳」の学習指導要領では，特に全教育活動での道徳教育の充実が強調され，道徳教育の全体計画に関する事柄については「総則」に書かれています。また平成29年3月に告示された改訂学習指導要領では，すべての教科などにおいてそれぞれの特質に応じて「特別の教科　道徳」の指導内容に関する指導を適切に

行うことと明記されています。そして,「特別の教科　道徳」においては,道徳教育の要としての役割が果たせるように指導することを強く求めています。総合単元的道徳学習は,これからの道徳教育の展開において必要不可欠なものであると言えるでしょう。総合単元的道徳学習が特に目指すものを挙げれば次の点を指摘できます。

❶ 子どもを主体とした道徳学習の確立

　道徳教育は,子どもたちが自ら感じ,考え,道徳的実践のできることを目指します。つまり,学校における道徳教育は,生活する場全体を通して,子どもたちの道徳学習が主体的に行われるようにしていかねばなりません。そのためには,「特別の教科　道徳」を要として,日常生活や様々な学習活動において道徳学習が継続的・発展的に行われるような計画を考えていく必要があります。「特別の教科　道徳」における補充,深化,統合を,日常生活や様々な学習活動と関連させて子ども自身が具体化させていくのが,総合単元的道徳学習であると言えます。

❷ 各教科,特別活動,総合的な学習の時間における道徳教育の推進

　学校における道徳教育の充実のためには,各教科,総合的な学習,特別活動などにおける道徳教育を充実させることが不可欠です。各教科などの指導において,それぞれの特質に応じて育まれた道徳性が,「特別の教科　道徳」において補充,深化,統合され,そのことによってさらに,各教科などの特質に応じた道徳性の育成がより深くなされていきます。総合単元的道徳学習を推進することによって,各教科などの指導も「特別の教科　道徳」の指導も,それぞれの固有の目標の達成をより充実させることができます。

❸ 道徳的実践力の多面的な育成

　道徳的実践力は,道徳的心情,道徳的判断力,道徳的実践意欲と態度を中心としてとらえ,「特別の教科　道徳」においてそれらを計画的・発展的に

指導することになっています。そのことを踏まえた上で，道徳的実践力は，道徳的知識，道徳的実践方法・技術なども含めてとらえる必要があります。各教科などの指導において，道徳的価値についての知識や理解を主とした指導や，道徳的実践についての方法，技術を主とした指導を，各特質に応じて考えることで，より深い道徳的実践力を身につけられます。

❹ 学校教育の中核となる道徳教育の確立

　学校教育は，人格の形成を目指してなされるものです。人格の基盤となるのが道徳性であり，その道徳性の育成を図るのが道徳教育です。したがって，道徳教育の指導計画は，学校教育の中核としての役割を果たせるものでなければなりません。学校目標や学級目標にかかわる道徳教育の重点目標に関しては，焦点化して継続的に取り組めるようにしていく必要があります。つまり，学校教育の中核として道徳教育を展開していくには，学校経営や学級経営のなかに明確に位置付くような指導計画を作成しなければなりません。総合単元的道徳学習はそのような指導を目指しています。

3　総合単元的道徳学習を構想する手順

❶ 基本的な押さえ

①重点目標や社会的課題に対して

　まず，重点目標や社会的課題などに関連する教育活動や日常生活などと密接に関連した指導計画を，総合単元的道徳学習として計画し，取り組めるようにします。

②1～2ヶ月くらいで

　期間は，1～2ヶ月くらいのスパンで考えます。道徳の授業を中核に関係する学習活動や体験，日常生活などを響き合わせられるように計画します。

③多面的評価の工夫

　特に「行動の記録」にあげられる項目は，内面と行動とが結びついた指導

が求められます。総合単元的道徳学習においては，認知的側面，情意的側面，行動的側面についての評価を総合的に考えた指導が可能となります。
④家庭や地域との連携
　先生と子どもたちが日常生活をベースとして，家庭や地域とも連携して取り組んでいくことができるようにします。
⑤年間指導計画に位置付ける
　それらを，「特別の教科　道徳」の年間指導計画に位置付け，計画的に実行できるようにします。

❷ どのように計画するのか
①総合単元的道徳学習名
　具体的に全体を通してどこまで取り組みたいかがわかるようにしておきます。たとえば「思いやりの心をもって行動できるようになろう」などです。
②全体のねらい（指導のポイント）
　総合単元的道徳学習の計画全体を通してどのようなことを指導するのかについて，そのポイントを３〜５つくらい書いておきます。たとえば「思いやりの心をもって行動できるようになろう」という目標であれば，以下のようにします。

1　思いやりの心は，相手の気持ちを考えることと勇気をもつことによって相手に伝えることができることを学ぶ（「特別の教科　道徳」）
2　周りの人々は思いやりの心についてどのように考えているのかを，取材を通して学ぶ（総合的な学習の時間）
3　思いやりの心はどのようにすれば相手に伝わるのかについてエクササイズを通して学ぶ（学級活動）
4　国語の教材を通して思いやりの心について学ぶ（国語科）
5　思いやりの心を相手に伝えるにはどうすればよいのかについてポスター作りで学ぶ（図画工作科）

③各教科などにおける道徳教育を多様に工夫する

　ねらいにかかわる気づきや考え，興味や関心などが連続的に発展するようにします。各教育活動の特質や学習内容を考慮して，調べる学習，深く考える学習，道徳的価値の自覚を深める学習，実感する学習，表現する学習，体験する学習，実践する学習などを組み合わせ，響き合わせていきます。

④子どもの意識を連続的にする日常生活での取り組みを工夫する

　たとえば，ねらいとかかわらせて，朝の会や帰りの会，掲示，家庭や地域での学びなどを工夫します。さらに，朝読書，1分間スピーチ，学級新聞づくり，新聞記事などの紹介，ドラマや映画の紹介，本の紹介，体験の紹介や問題・課題の投げかけなどを工夫します。

⑤子どもの意識の連続性を考え道徳の授業が要の役割を果たすようにする

　全体を通してどのように子どもの意識を深め広げていくのかについて，「子どもの心の動き」という欄を設けて記入します。「子どもの心の動き」を追いながら，総合単元のねらいに関して意識が深められたり広げられたりするように計画の全体を見直していきます。そして，「特別の教科　道徳」が価値の自覚を深める要の役割が果たせているかを確認します。

⑥子どもと一緒に道徳学習を深めていく（オリエンテーションをする）

　最初は教師が概要を示しますが，それをもとにみんなで話し合いながら計画を創っていきます。個人目標も記入できるようにします。また，家族にも参加してもらえるように，簡単に図式化したものを家庭にも配り，貼ってもらうと同時に，家庭でも目標も記入してもらうようにします。

⑦総合単元的道徳学習用のノートを創る

　最初のページに計画表を貼り，この学習のねらいと留意事項，個人的課題なども書けるようにします。また，思ったことや考えたこと，感じたこと，取り組んだことなどを自由に書けるようにしておきます。そして，教師が必ず見て，励ましやアドバイスを与えます。またいろんな場面で書くように促します。了解を得てみんなに紹介もします。ノートを一つの作品づくりという形で取り組み，一生の宝物として大切に残していけるようにします。

4 これからの総合単元的道徳学習の課題

　今日的ニーズに応じた多様な総合単元的道徳学習を工夫していく必要がありますが，特に次のような取り組みが求められます。

❶ 評価と指導の一体化を図った総合単元的道徳学習の工夫

　道徳教育においては，評価が常に課題になり，長期的・総合的視点からの評価と指導が必要になります。総合単元的道徳学習は，その課題に正面から応えることができます。たとえば，一連の道徳学習における子どもたちの心の動きをよりダイナミックにするためのポイントを押さえ，それを評価基準とします。計画表にいくつかの評価欄を設け，課題をその都度押さえて次のステップの学習を工夫します。単元のくくりが終わった時点で，全体のねらいに対する一人ひとりの状態を評価します。個人と同時に学級全体の雰囲気なども評価し，課題を押さえて日々の指導につなぐようにします。

❷ 学級の状態に応じた総合単元的道徳学習の工夫

　総合単元的道徳学習は学級経営と密接にかかわります。したがって，学級の状況に応じて，効果的な総合単元的道徳学習を提案していく必要があります。日常的なかかわり，学級での豊かな体験，家庭との連携などを重視した，学級経営的視点を踏まえた総合単元的道徳学習を工夫します。

❸ 一人ひとりの総合単元的道徳学習へと発展させる工夫

　各自が自分の課題を追究できるように，子どもたちが計画できる部分を多く盛り込んだ総合単元的道徳学習を工夫します。共通的学習部分と個別的学習部分をミックスさせながら，子どもたち自身が道徳学習を発展させられるようにします。

（押谷　由夫）

APPROACH 5

総合単元的道徳学習の実践

1 アプローチの魅力とねらい

❶ 総合単元的道徳学習の魅力

本校(千葉市立本町小学校)では,道徳科を要として,ほかの教育活動や日常生活を関連づけた総合単元的道徳学習を実践しています。別葉を生かし,意図的・計画的に学習を組むことで,子どもたちは道徳科で扱う内容項目に関して繰り返し意識できるため,いろいろな機会を通して考えたり自己を見つめたりすることができます。指導者は,道徳科のねらいとの関連を位置づけた指導構想を書き,意識的に指導することができます。

❷ 本単元のねらい

本単元では,D-(19)生命の尊さを,自己とのかかわりで実感としてとらえさせ,生きることの素晴らしさや命あるものすべてを大切にしようとする態度を育てたいと考えました。生命の尊さにふれる機会は身の回りに多くありますが,児童はあまり意識していません。そこで,道徳科と教科,行事等を関連づけて生命の尊さについて意識させ,大切にしようという態度を育てることにしました。

2 単元の指導構想

道徳科の「生命の尊さ」の学習を要にし,社会科学習や音楽発表会(行事),音楽科の授業を関連づけた総合単元的道徳学習を構想しました。

❶ 要となる道徳科教材「さやかのひまわり」の概要（あらすじ）

　阪神・淡路大震災で妹「さやか」を亡くした姉が，苦しみを乗り越えて前向きに生きていこうとし，全国の人々へ命の大切さを伝えるようになった話です。

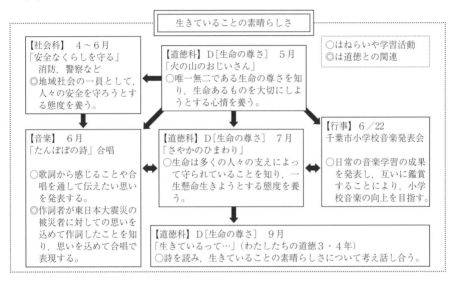

3 総合単元的道徳学習の授業の実際

❶ 音楽科の授業の概要

ねらい：旋律の重なりを感じ取り，心をこめて表現しよう。
　　　　歌詞に込められた作詞者の思いを知り，生命の大切さを合唱を通して伝え音楽表現の深まりを目指す。
教材曲：「たんぽぽの詩」は東日本大震災を受け，新たに書き下ろした詞。
T　：「たんぽぽの詩」の歌詞からどんなことを感じますか。歌詞の中で気に入っているところはどこですか。
C１：たんぽぽの花の強さ，やさしさ，勇気。
C２：みんなで強く生きていこうという思い。

T ：「たんぽぽ」は誰のことを例えているのでしょう。
C１：被害にあった人。
C２：被害にあった人の家族。
T ：(主発問)作詞者の思いを知って何を感じましたか。明後日の音楽発表会はどんな思いをこめて伝えたいですか。
C３：大震災で亡くなった人が多いけど，悲しい歌にはしないでこれからみんなで生きていくというイメージをもって歌いたい。

❷ 道徳科の授業の概要
教材名：「さやかのひまわり」
　　　　(出典：『みんなで考える道徳』日本標準　一部改作)
手立て１：多面的に考える話し合い活動

> **ポイント**
> 話し合いを通して，自分だけが生きている罪悪感に苦しむ気持ちから，前を向いて生きていこうとする「いつか」の心情の変化に気づかせる。

T ：「わたしは亡くなった妹にとって，いい姉だったのだろうか」と自分自身に問いかけた姉「いつか」の気持ちはどのようなものだったと思いますか。
C１：さやかを守れなかった。悔しい。
C２：私だけ助かってよかったの？と悔やむ気持ちでいっぱいになっている。
C３：それは考えすぎでは？そんなに自分を責めなくてもいいと思う。
　※この発言で苦しみから前向きな気持ちへと話し合いが変化していく。
C４：まずは自分が助からないと。
C５：いつまでも考えていても，逆にさやかが悲しむと思うようになった。
C３：もう，過去を考えてばかりいるのではなく，自分がこれからどうするかを考えた方がいいと思っている。
T ：(中心発問)「いつか」は，どのような気持ちから全国の小学生や中学

生に地震の体験を伝え歩くようになったのでしょうか。
C1：大切な家族を失うつらさと家族の大切さを伝えようと思ったのでは。
C2：いや、ちょっと違う。家族以外でも誰かにとっては大切な命だから。
C3：自分の命も人の命もかけがえがないということ。一人ひとりの命の大
　　　切さだと思う。音楽で歌った「たんぽぽの詩」もそうだったし。
手立て2：友達との振り返りの共有
　展開後段から終末へかけて、自分の思いを伝え、それを学級で共有する。

> **ポイント**
> 　これまでの自分とこれからの自分についてしっかりと見つめ、友達と振り返りを共有することで、本時の学習を意識し、事後の生活につなげられるようにする。

C4：これまでの私は大切な人を亡くしたことがないので考えたこともなかったけど、命を守りたいと思いました。
C5：命は一人に一つ、失ったら何もできない。
　　　だからこそ、相手も自分も命を大切にし、これからを楽しみたいです。
C6：私も同じ。誰の命でも大切。命を大切にして生きていきたいです。

4 まとめ

　「さやかのひまわり」の授業後に、命の大切さを意識した学習を尋ねたところ、社会科学習や道徳科「火の山のおじいさん」、音楽科「たんぽぽの詩」が挙がりました。これらは総合単元的道徳学習として意図的に関連づけたものです。また、意識調査で、「道徳で学習した内容で、日常の場面で思い出したのはどんなことですか」という問いに対し、生命にかかわる回答が上位を占めました。
　以上の実践から、総合単元的道徳学習は、道徳科でねらう道徳的価値をより一層深めることができると実感しています。　（神尾　祝子・神馬　侑子）

APPROACH 5

総合単元的道徳学習の実践

1 アプローチの魅力と授業のねらい

❶ 生命尊重の心を培う総合単元的道徳学習の魅力

揺れ動く思春期にある生徒たちが真剣に自己を内観する時,最も深い部分から覚醒していくものは,自らの「命」の尊さ,重さに対する思いではないでしょうか。多面的・多角的に「命」を見つめ,自他の限りある命をいかに生きるべきかということを真剣に考える視点から,「生命の尊重」という道徳的価値を核として,その周辺にねらいとかかわりのある学習や豊かな体験を配置し,総合単元的道徳学習を展開しました。

中学校においては,ほかの教師とよく連携を図りながら,重点的に「生命の尊重」をねらいとする道徳の時間を要として,教育活動全体を通して行っていくことが大切です。1ヵ月から数ヵ月など短いスパンで取り組むことでも,効果的に行うことができます。

❷ 総合単元的道徳学習のねらい

「生命の尊重」を中核とする総合単元的道徳学習の構想は,後述する道徳の学習と関連の深い各教科等の単元を,道徳の時間との関わりをもたせながら教科固有の目標にそって指導を展開し,道徳的価値に即した一連の道徳学習に生徒が主体的に取り組むことをねらいとしています。取り組みの単元の最初や途中,単元の終わりなどに核となる同じねらいによる道徳の時間を重点的に位置づけ,道徳的価値の自覚を深めていきました。

2 教材の概要（あらすじ）

　中心となる道徳の授業で扱う読み物教材「見沼に降る星」（東京書籍）は，自作資料です。初任者で担任した生徒の１人が中学２年の春，突然難病におそわれ入院しました。私はクラスの生徒とともに，病院をたびたび見舞い，病気の生徒を励まし続けました。彼は，壮絶な闘病生活にも果敢に立ち向かい，卒業式には，病院を抜けて車椅子で参列するほど最期まで前向きに生きようとしていました。しかし，そのかいも空しく16歳の若さで他界しました。
　当時，学級委員であった主人公は苦しむ友人を支え，ついには「死」というものをつきつけられる中で，人の「命」の重さを考えます。見沼は，さいたま市でも，いまだ星の観察ができるほどの自然豊かな場所であり，虫や鳥の鳴き声が聞こえ１年中花々が美しく咲き誇っています。親友を失った主人公が，星のまたたきや大地の鼓動（地球の生命の息吹）に，自己の生命を共鳴させ，絶望のどん底から自己の生き方を発見していくというものです。

3 授業の実際

　事前の取り組みとして，「命って何だろう」というアンケートを行い価値への意識づけを図りました。「お金では買えないもの」「たった一つしかないもの」など生徒は命について自分なりに考えていました。授業では導入でアンケートの結果を提示し，他者の命への多様なとらえ方を感じ取りながら，自らの考えを深めていきました。

❶ 道徳の授業「見沼に降る星」の工夫
①導入で，見沼の美しい自然の風景写真を提示し教材へと誘いました。
②大型プロジェクターで星空の写真を映し出し，小川のせせらぎや虫の鳴き声などの自然音を小さな音量で流しながら範読をしました。

③保護者の方々にも授業に参加していただき，多様な視点から生徒とともに生命について考え，話し合いを深めました。
④ゲストティーチャーの主人公が，終末で生命に対する自分の思いを語りました。

　事後に，家庭と連携を図り，生まれた日の様子や周りの人たちの喜びの気持ちをつづってもらいました。真剣な眼差しで生徒たちは家族からのメッセージに見入って，家族の思いや願いに心を込めて返信をつづりました。

❷ 授業の展開（中心場面を含んだ1部）

T1：幸雄を見舞う主人公はいつもどんな気持ちだったのでしょうか。
S1：このまま死んでしまったらどうしよう。助からないんだろうかという死への恐怖が広がったと思います。
S2：いや，何とか助かって欲しい。そのためにも生きる希望をもたせたいという生への期待もあったと思います。そして，自分に何かできないだろうかという相手のためにできることを真剣に考えたと思います。
T1：でも，その願いも空しく幸雄が亡くなったことにどんなことを思ったのでしょう。
S1：こんなことがあっていいのか？友達を返してくれと叫んだと思います。
S2：同じです。悔しくて，空しい気持ちで一杯だったと思います。人生これからだというのにと，怒りがこみあげてきたと思います。

> **ポイント**
> 「生」の対極にある「死」に向き合う主人公の揺れ動く心を考える。

❸ 総合単元的道徳学習の展開

　「生命の尊重」をねらいとした道徳の授業を重点化し，各教科や領域を補充・深化・統合しました。「生命の尊重」とかかわる単元や教材との関連を図り，横断的・総合的に学習を展開することで，生命に対する多面的・多角的な理解を深めながら，道徳性の育成を図りました。関連教科内容は，

［国語科］命や自然に関する詩，物語，論説（C　読むこと）
［社会科］人権について（公民的分野）
［保健・体育科］心身の健康（保健分野）
［技術・家庭科］家族・家庭と子どもの成長　衣食住について（家庭分野）
［理科］生命の連続性（第2分野）
［音楽科］命や自然に関する詩への作曲（A表現　創作）
［美術科］命や自然に関する作品の創作や鑑賞（A表現　B鑑賞）
［総合的な学習の時間］命を輝かせた人を取り上げての学習
［特別活動］命を輝かせる学級づくりを考える（学級活動）
など，学習については各々の教科の固有のねらいを大切にしながら，事前に各教科担任と綿密な打ち合わせを行い，「生命の尊重」の視点を明確に道徳の時間との学習の関わりをもたせ，同一歩調で指導にあたりました。生徒の意識が自然につながり，深まっていくことを目指しました。

4　まとめ

　総合単元的道徳学習に取り組むことで，教科，領域をこえて，多様な角度から「命」を学習し考えることができました。教師同士がよく連携し，明確な指導観のもと，道徳の時間を要として，意図的に「命」について教科での学習や体験に取り組み，多くの学習場面で多面的・多角的に「命」を考えることは生徒たちの心に深く働きかけるものでした。

　これにより，生徒一人ひとりの問題意識や課題意識の追究がより主体的になり，各教科等における道徳教育が一層推進され，道徳的実践の基盤がしっかりと確立されていったことを感じます。道徳授業「見沼に降る星」では，教室に凛とした空気が流れ，涙ながらに役割演技に取り組む生徒もいました。感想には，「ものすごい確率で生まれた生命の重さを深く感じた。限りある時間を精一杯生きたい」という命の連続性，有限性，偶然性に気づき，限りある命を精一杯生きたいという内容が多く見られました。　　（石黒　真愁子）

APPROACH 6

批判的吟味を生かした統合道徳の理論

1 易行道としての統合道徳

❶ 統合道徳の目標

　統合道徳（統合的道徳教育）は，「道徳的価値を伝達すること」と「子どもの道徳的創造力を育成すること」の統合を目指しています。そして，授業レベルでは「A型」と「B型」に分け，この両者をバランスよく組み合わせてプログラム化した授業を構成し，価値の伝達と創造の統合を図ろうとしているのです。

　「A型」「B型」は，以下のような特徴があります。

> 「A型」（伝達・納得型）：「ねらいとする道徳的価値」を教えること（内面的自覚）を第一義とする道徳授業
> 「B型」（受容・創造型）：「子どもの個性的・主体的な価値表現や価値判断」の受容を第一義とする道徳授業

❷ 誰もができる道徳授業

　統合道徳はまた，「易行道」としての道徳教育を提唱し，「一人の百歩より百人の一歩」を大切にします。つまり，「名人芸的な道徳授業」を追究するというよりも，人間尊重の精神と誠実な態度さえあれば「誰もが可能な道徳授業」を開発しようとしているのです。

　これまで，理想の授業は「啐啄同時」（『碧巌録』）になぞらえて，「教師の指導性」と「子どもの主体性」を同時に生かす授業であるといわれてきまし

た。私たちも賛成です。ただ、毎時間それを達成することは至難の業です。そこで、この二つがバッティングしたとき、「教師の指導性」を優先させるのを「A型」、「子どもの主体性」を優先させるのを「B型」としたのです。

❸ 伝達と創造をつなぐ「批判的吟味」

「A型」と「B型」の橋渡しをするのが、「批判的吟味」です。私たちが「批判的吟味」を重視するのは、子どもが主体的に道徳的価値を獲得し実践力を身につけるためには、「一度学んだ価値を批判的に検討すること」が大切であり、伝達と創造の統合になくてはならないプロセスである、と考えているからです。ここでいう「批判」とは、いわゆる「批評する」とか「非難する」といった、単なる消極的、否定的なものではなく、「慎重に、多面的視点から偏りなく、合理的に考える」という意味合いがあり、子どもたちは「批判的吟味」によって、道徳的価値のもつ意義を認めるとともに、その限界を明らかにして、俯瞰的な観点から価値を修正・創造するのです。

2 道徳授業のポイント

❶ 価値の矛盾や対立を扱う

今回の道徳教育改革の本丸は道徳授業の「質的転換」にあり、『小学校学習指導要領解説』に書かれている次の文言に、その特徴が表れています。

> 発達の段階に応じて二つの概念が互いに矛盾、対立しているという二項対立の物事を取り扱うなど、物事を多面的・多角的に考えることができるよう指導上の工夫をすることも大切である。(p.18)

「矛盾、対立」を扱うといった表記は、従来の文科省の著作物にはあまり見られなかったものです。これは、日常生活で生きて働く道徳を実現するために、一歩踏み込んだものと思われます。

つまり，これまでの「道徳的価値の自覚を深める」ことに加えて，自覚した価値を「批判的に吟味する」ことの必要性を認めたものと考えられます。なぜなら，子どもは普段の生活において，「相反する道徳的価値について，どちらか一方の選択を求められ，答えは一つではなく正解は存在しない」場面にも出会うからです。

❷ 道徳的価値を批判的に問い直す

　たとえば，「友情，信頼」（友達と互いに理解し，信頼し，助け合うこと）を「ねらい」とする場合，「友情，信頼」の自覚を深めれば，類似的場面での実践が可能であり，これまではそれで「よし」とされてきたのです。ところが，日常生活を広く見渡せば，「友情」と「公正」が衝突するケースがあります。もし，「価値の自覚を深める」ことのみを目標にしていたなら，そのような場面ではまったく無力です。しかし，「矛盾や対立」を扱えば，葛藤場面で有効に働くだけでなく，多様な状況に対応する判断力の育成にもつながっていくのです。「友情」と「公正」の対立を扱えば，「友情」の視点からは「公正」を，「公正」の視点からは「友情」を批判的に考えることができます。つまり「価値の自覚をねらう授業」と「価値の矛盾や対立を考える授業」とでは，思考のレベルが違い，授業の質が違ってくるのです。

❸ 思考レベルの違い

　ヘア（R. M. Hare, 1919-2002）の「二層理論」では，道徳的思考を「直観的レベル」と「批判的レベル」の二層に分けています。「正直にせよ」「約束を守れ」など，一見自明な道徳原則に頼る判断を，直観的レベルの思考（第一層）と呼び，「人の気持ちを傷つけるときは正直でなくてもよい」「命にかかわるときは，約束を守らなくてもよい」といったような，状況に応じて道徳原則を修正したり，原則間の葛藤を比較考量して下す判断を，批判的レベルの思考（第二層）と呼んでいます。つまり，「矛盾や対立」を扱えば，第二層で批判的な思考を刺激して「考え，議論する道徳」を促し，さらに，俯

瞰的視点から「自己決定」する場を設ければ，子どもの主体的判断力の育成に資するのです。「批判的吟味」は，「A型」でも「B型」でも扱えるのですが，「自己決定」は「B型」でのみ可能です。

3 「批判的吟味」のある道徳授業

❶「A型」での批判的吟味

「批判的吟味」を扱う「A型」として，小学校中学年の教材『算数』を用いた授業があります。あらすじは，以下のとおりです。

> ぼくは，正夫が算数の問題を解けずにいたので，親切に答えを教えてやった。ところが，正夫は怒りだした。ぼくが，「せっかく教えてやったのに」と言い返したので，争いになってしまった。答えあわせのとき，「あっていた人？」という先生の声に，みんなは「ハーイ」と元気よく手をあげたが，正夫はうつむいて手をあげなかった。（立石喜男編著『魅力ある道徳資料集　小学校　中学年』明治図書）

「親切」を実践したはずの「ぼく」は，正夫に喜ばれるどころか，逆に反感をかってしまいます。この教材は，当然よいことだと考えていた「親切」（困っている人を助けてあげる）を，批判的に考えることを要求します。

子どもたちは既知の「親切」を吟味し，「相手の立場に立って本人の意志を尊重すること」，つまり，「本当の親切」と「おせっかい」の違いを学ぶのです。この教材を用いた授業は，「批判的吟味」を含むものの，教師の指導性の延長線上にあり，私たちは「A型」とみなしているのです。

❷「B型」での批判的吟味

次に，「B型」での「批判的吟味」を考えてみましょう。『私たちの道徳（中学校）』の「この人のひと言」に，映画監督の小津安二郎（1903-1963）

の次の言葉があります。

> 人間は，自分の置かれた，
> その中で最善を尽くすほかないでしょう。(p.171)

　小津は，自分の置かれた状況を受け入れて最善を尽くしなさい，といっています。おそらく，自分でどうすることもできないことは静かに受け入れ，そのうえで人間らしく生きようと懸命に努力されてきたのでしょう。
　一方，上杉鷹山（ようざん）（1751-1822）の言葉も紹介されています。

> なせば成る　なさねば成らぬ　何事も
> 成らぬは人の　なさぬなりけり　(p.26)

　鷹山は，米沢藩の苦しい財政状況のなかで改革に取り組み，幾度も失敗を重ねた末に改革を成し遂げた人物です。彼の言葉も，生徒の「生き方」に刺激を与え，心に残るものです。どちらも素晴らしい「教え」を含んでいますが，相反するところがあります。前者は，自分の置かれた状況を受け入れる姿勢が，後者は状況を切り開こうとする意志が感じられます。「二つの言葉」を，先人の名言として並列的に教えるだけで「よし」とせず，両者を突き合わせて考えさせることで，「批判的吟味」が可能となるのです。
　ただ，生徒たちが自己の「生き方」として，どちらを選ぶかは彼ら自身で決定すべきです。対立する意見にしっかり耳を傾けて，一旦は納得して受け入れた「言葉」を，自分自身と照らし合わせながら，俯瞰的観点から比較検討し，「自己決定」を下すのです。その結果，「伝達知」は自らの手で選びとった「選択知」へと，その質を高めることでしょう。

❸ 二つの実践

　統合道徳には，様々なバリエーションがありますが，後に示す井尾実践

（p.98〜101）は,『手品師』を用いた2時間プログラムです。第1時は教材の前半部で切って,「手品師はどうするだろうか」を自由に話し合い,みなの意見を相互に受容する「B型」授業です。第2時は,後半部を提示して「批判的吟味」を含む「A型」で展開して,終末には「自己決定」させるという,指導者の「思い」が込められた構成になっています。

次の相馬実践（p.102〜p.105）は,3時間の統合的プログラムです。第1時は,価値の伝達をねらった「A型」であり,続く2時・3時は,1時で学んだ価値の「批判的吟味」を意図する「B型」で,生徒同士の話し合いに時間をかけた展開となっています。価値の押さえから入り,徐々に教師の「指導性」を離れて生徒主体のディスカッションに移り,最後は彼らの「自己決定」を尊重する流れになっています。

4 受容・伝達・創造

「批判的吟味」が有効に働くには,道徳的価値がしっかり**「伝達」**されていなければなりません。その意味で私たちは,道徳授業の基本は「価値の内面的自覚」に導く「A型」にあると考えています。

ただ,「A型」をスムーズに行うためには,子どもたちがもっている価値観に注目し,それをゆったり**「受容」**する「B型」が必要です。ここでは,子どもの多様な価値表現を「傾聴」する教師の姿勢が求められます。

一方,子どもからすれば,教えられた道徳的価値はたとえそれが納得して受け入れたものであっても,外部から与えられたものです。よって,「その価値は自分にとって本当に善きものかどうか」を考え,クラス仲間と話し合い,「批判的吟味」を通して「自己決定」し,自らの手で価値を**「創造」**すべきです。また,それは「子どもの権利」でもあります。要するに,これからの道徳教育は,従来の「価値の内面的自覚」に導くアプローチに加えて「矛盾や対立」を積極的に扱い,「批判的吟味」を生かした「考え,議論する道徳」を実践できるか否か,にかかっていると思うのです。　　（伊藤　啓一）

APPROACH 6

批判的吟味を生かした統合道徳の実践

1 アプローチの魅力と授業のねらい

❶ 批判的吟味を生かした統合道徳の魅力

　統合型道徳授業は，複数時間で道徳の授業をプログラムします。複数時間でプログラムすることによって，1時間では深められなかった道徳的価値を一人ひとりにより深く自覚させることが可能です。また，プログラムの中で批判的に吟味することによって，子どもが抱いていた道徳的価値が揺さぶられ，価値を見直し，自分の生き方を再構築することができます。

❷ 本時の授業のねらい

　今回，「手品師」の資料を2時間扱いの統合型道徳授業でプログラムしました。

　第1次「ねらい」：迷いに迷っていた手品師の心情を理解し，手品師はどのような行動に出るのかを自分と照らしながら考えることができる。(B型)

　「迷いに迷っている手品師」の心情を理解し，「自分だったらどうするのか」を考える授業としました。手品師と自分自身を重ねて考えさせるためです。手品師の行動の結末は1時間目には明かさず，2時間目につなげます。

　第2次「ねらい」：男の子との約束を守った手品師の大切にしていることを話し合った後，それでも自分はどちらを選ぶのかを考える。(A型→B型)

　男の子との約束を守った手品師について考えます。「手品師が大切にしていたことは何か？」を考え，「一人の人を楽しませられずして，なぜ大勢の人を楽しませることができるのか」「最初に交わした約束を守る」という手

品師の誠実さを理解します。次に，それでも自分はどうするのかを考えます。1時間目に選んだことが，2時間目でどう変容したのかを考えさせ，児童一人ひとりに自己決定させます。「必ずしも，男の子との約束を守ることだけが誠実ではない」という誠実の視野を広げ，子どもとともに考える授業を行います。

2 教材の概要（あらすじ）

【資料「手品師」】
　腕はいいが，あまり売れない手品師がいました。手品師は生活に苦しみながらも大劇場で手品をすることを夢見ていました。ある日，一人ぼっちの小さな男の子に出会います。手品師は男の子に手品を披露し，次の日も手品をすると約束をしました。その日の夜，仲の良い友人から大劇場に出るチャンスがあると電話がかかってきます。大劇場で手品を披露するのは，男の子と約束した日と同じであり，手品師は迷いに迷います。葛藤した結果，きっぱりと友人の誘いを断り，次の日，男の子に手品を披露するのでした。

3 授業の実際

ここでは，第2次を紹介していきます。

❶ 授業の流れ
①みなさんは，前時にどちらを選びましたか？（導入）
　「手品師」の後半（迷いに迷っていました）を読み，次の発問につなげる。
②「手品師が大切にしていることは何ですか？」（発問1）
③「男の子との約束を選んだ手品師をどう思いますか？」（発問2）
④「自分だったらどちらを選びますか？」（発問3）
⑤「今日の感想をまとめましょう」

❷ 手品師の生き方について考える

　発問1では，男の子との約束を守った結果を受け，手品師が大切にしていたことは何かを考えさせました。ほとんどの子が「男の子との約束」と答えていました。また，「最初に交わした約束」と答えている子がおり，時間軸で考える子もいました。発問2では，「約束を守った手品師の生き方をどう思うか」を考えさせました。「私も手品師のような生き方をしたい」「手品師の生き方はかっこいい」など多くの子が共感する考えをもっていました。一方「手品師は自分にうそをついているのではないか」と疑問をもつ子もおり，手品師の行動に共感的だった子の意見を揺さぶっていました。

> **ポイント**
> 　手品師が男の子との約束を守ったことに対して批判的に吟味（手品師は自分にうそをついていたのではないかということ）をさせ，揺さぶることで，道徳的価値をより深めることが可能です。

❸ 手品師の生き方を通して，自分ならどうするのかを考える（自己決定）

　手品師は男の子との約束を選びましたが，それでも自分はどうするのかを考えさせました。第1次では26人中13人が大劇場を選び，13人が男の子との約束を選んでいましたが，第2次では，9人の子が大劇場から男の子との約束を守るに変わりました。「手品師のように最初にした約束が大切だ」と手品師の生き方に共感し，自己の判断に反映させていました。一方4人の子は，「自分はやっぱり大劇場に行きたい。自分にうそはつきたくない」と手品師の生き方を理解しつつも，大劇場を選びました。

❹ 小集団の話し合いを入れる（ブレインストーミング）

　（発問2）と（発問3）の時にブレインストーミングで話し合いをさせました。ブレインストーミングは自分の考えを付せんに書き込み，グループ分けする手法であり，相違点を視覚的にとらえながら話し合うことが可能です。話し合いでは，自分とは違う意見にふれるグループがあり，子どもたち同士

で考えを揺さぶり合い，高め合う姿がみられました。
【板書例】

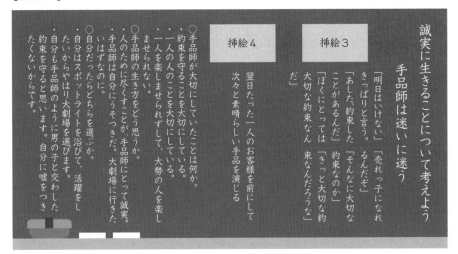

4 まとめ

「手品師の生き方を通して，それでも自分はどちらを選ぶのか」。この判断が今後ますます大切になってくると思います。「人の生き方を学び，自分の生き方にいかしていく」。この経験が，統合型道徳授業ではより可能となるのではないかと考えます。

子どもたちが主体的に考え，判断し，それを認め，子どもに任せる。しかし，主体的に考え，判断するには，「子どもたちの中の判断基準」をはっきりさせる必要があります。「自分だったらどうするのか」ということを目の当たりにしたとき，子どもは判断基準をもたずして，自己決定はできません。教えるべきことを教え，それを批判的に見つめる時間をつくり，道徳的実践につなげるプロセスにおいて自分の判断が問われる，そんな道徳の時間をこれからも考えていきたいです。そして，子どもが道徳の時間が待ち遠しいと思えるよう，統合型道徳授業をより深めていきたいです。　　（井尾　雅昭）

APPROACH 6

批判的吟味を生かした統合道徳の実践

1 アプローチの魅力と授業のねらい

❶ 批判的吟味を生かした統合道徳の魅力

　私たちが生活する場面では,どう行動するべきか判断に迷う場面があり,その多くは異なる価値のどちらをとるかの葛藤であることが多いです。実生活に生きる道徳授業の形を考えるとすれば,やはり授業の中でこの道徳的葛藤の末に自己決定する体験を積むことが重要と考えます。

　一見矛盾する価値同士がある状況下でぶつかったとき,①自分の考えをもつ,②自分とは異なる判断の意見に耳を傾ける,③それぞれの価値のもつ「よさと限界」を見極める,④最終的に「自己決定」する,というプロセスを経ることによって,実生活に生きる道徳的判断過程を経験できるはずです。このことが「議論する」道徳にもつながります。それがこのアプローチの魅力です。

❷ 本時の授業のねらい

　本実践は,中学校1年生を対象とした,3時間構成のプログラムです。その中で『集団での役割や責任を自覚すること』と『個人の立場や考えを尊重すること』から生じる葛藤について話し合い,両者を俯瞰する視点から考え,主体的な判断を下すことができることをねらいとしました。

・第1時 集団での役割や責任に対する自覚を深める
・第2時 集団での役割と個人の尊重のどちらを優先させるべきか考える
・第3時 批判的吟味を行い,俯瞰する視点から考え,主体的な判断を下す

2　教材の概要（あらすじ）

【教材 第1時「マリーゴールドのつゆ」第2・3時「選手に選ばれて」】
　前者は集団での役割を果たすことの大切さに気づかせる内容です。また，後者は体育祭の選手に選ばれた主人公・タケシ君と選んだ学級とのやりとりを通して集団と個のあり方を考えさせる内容です。

3　授業の実際

❶ 第1時 価値を内面化させる

　第1時では，「集団の中での自分の役割を自覚し，責任を果たす」という価値の自覚化を行いました。無理やり委員を押しつけられながらも自分の役割の大切さに気づいた主人公の気持ちの変化に共感させ，これから自分は学校・学年・学級のためにどんなことをしていこうと思うか考えさせました。

❷ 第2時 価値を揺さぶり，自分の意見をもたせる

　第2時では，「集団での役割」と「個人の尊重」の両者について多角的な視点から考え，話し合い，この場合どちらが優先されるべきか考えさせました。
　まず第1時の授業を振り返らせ，集団における自分の役割を果たすことの大切さを確認しました。その上でそれに反する主人公・タケシ君の主張をとらえさせ，「タケシ君の言い分で大切にすべき点」「学級のみんなの言い分で大切にすべき点」「両者の言い分で疑問に感じた点」を話し合い，そのやりとりの中で，第1時に内面化させた価値の揺さぶりをはかりました。

> **ポイント**
> 　第1時で内面化させた価値について揺さぶりをかけ，その価値だけでは対応が難しい状況であることを理解させる。

第1時の状況とは違い，きちんとした手続きで選挙が行われている点を確認しつつ，役割を果たそうとしないタケシ君の心情を考えさせました。
　その上で，体育祭の選手に選ばれながらそれを断ったタケシ君の言い分についてどう考えるか（正しい権利の主張なのか，それともわがままなのか）第1次判断を行いました。

❸ 第3時 主体的に考えさせ，議論させ，自己決定をさせる

　第3時では「集団での役割や責任」と「個人の立場や考えの尊重」から生じる葛藤について話し合い，両者を俯瞰する視点から考え，主体的な判断を下すことをねらいとしました。また，意見交換がスムーズにできるよう全員を車座で配置しました。

　そして授業の冒頭で，この時間はタケシ君でも学級の誰かでもない第三者，特に一つ上の学年の先輩として判断することを確認しました。

> **ポイント**
> 　両者を俯瞰するための視点を明確に与えることによって，生徒の視点をそれまでより一段上位の視点に移行させる。

T：タケシ君の言い分について，先輩としてこの学級会でのタケシ君の様子を見たとき，みんなはどう感じましたか。
C：自分の意見をはっきり伝えることは大切だけども，言い方は問題があるように思う。
C：学級のみんなはこのタケシ君の言い方にカチンときたのかもしれない。
C：タケシ君の事情が伝わるどころか余計な誤解を招いている。
T：タケシ君が選手を引き受けないことについてはどう考えますか。
C：事情があるのだから仕方がない。勉強は優先されるべき。
C：勉強しなければならないのはみんな同じなのに，タケシ君だけがそれを

主張するのはわがままではないのか。
C：選手としての練習がそれほど負担になるとは思えない。
C：みんなタケシ君に期待しているのだから，その期待に応えるべき。
T：みんなは先輩としてタケシ君にどのようにアドバイスしますか。
C：投げやりな言い方でなく，誠意ある言い方で説明したほうがいい。
C：正しい話し合いのもとでの，しかもみんなが期待を込めて選んだということを考えるべきと助言する。
T：この学級のように，集団と個人の考えが一致しなかったとき，どんなことを大切にして判断を下せばいいと考えますか。
C：やはり集団の一員としてその役割を果たすことが大切だと思う。しかし，それぞれの事情があるから，その人の考えを十分聞く余裕をもちたい。
C：個人の意見は尊重されなければならないと思う。でも，そのためにはわがままと誤解されないような伝え方をすることが必要だ。
C：自分の意見をはっきり表明することは必要だと思う。でも一歩立ち止まって，自分の考えが本当に正しいかどうか考えた上で発言する慎重さもまた大切になると思う。

4 まとめ

　第1時「価値を内面化させる」→第2時「価値を揺さぶり，自分の意見をもつ」→第3時「主体的に考えさせ，議論させ，自己決定をさせる」という批判的吟味を生かしたプログラムによって，子どもたちが複数の視点から多角的に道徳的価値について考えることができたと思います。特に，俯瞰的に考えることにより，子どもたちが価値を自分のものとしてとらえることができました。ただし，内容項目すべてに対してこの手法を実施することは時間的に不可能です。どの内容項目を重点化してこの「批判的吟味を生かした統合道徳」を行っていくべきか，計画的な道徳授業を構築していくことが必要です。

（相馬　敦史）

APPROACH 7

『学び合い』道徳の理論

1 『学び合い』道徳とは

❶「一人も見捨てない教育」の代名詞

　『学び合い』道徳とは，西川純（上越教育大学）氏によって20世紀の終わり頃より提唱された『学び合い』の考え方に基づいて実践されている道徳授業全体を指しています。『学び合い』道徳には様々な授業方法がありますが，大切にすべきは，「一人も見捨てない」考え方とその実践です。

❷ 学校観，子ども観，授業観

　この考え方は３つに整理されます。第一に，学校は，多様な折り合いの中で，課題達成を行う場であり，社会で生きていくための支えを獲得する場であるとする学校観です。第二に，子どもたち（集団）は有能であるとする子ども観です。そして，これら二つの考え方をもとに，第三の授業観が導き出されます。授業は，子どもの仕事であり，どう学ぶかは子どもたち自身が決めます。教師の仕事は，課題の設定，環境の整備，学習評価にポイントがあります。「教師は指導しない」授業観だと誤解されますが，そうではありません。教師主導だったこれまでの授業観を転換し，子ども集団が自主的で協同的な学びを推進できる主体であることを明らかにしたところに『学び合い』の独自性があります。

❸ 21世紀の道徳的な思考と『学び合い』

　これらの『学び合い』観を道徳科授業に適用する場合，教師各自の道徳観

や道徳的な思考をどうとらえているかに応じて授業方法は多様に変化します。本稿は筆者のこれまでの道徳授業研究に基づく授業方法の提示であることを断っておきます。

　私は，道徳とは理想と現実が分かちがたく結びついている二つの側面だととらえています。道徳の理想とは，ごく簡単に言うと，「いつでも，どこでも，誰に対しても，○○すべき，あるいは○○してはならない」とされる人間の生き方を示した「あるべき人間像」です。しかし同時に，道徳は「あるべき人間像」であるが故に，私たちの社会では現実化できないというもう一つの側面があります。だから道徳科授業も，現実の中で，実現できない理想と真摯に向き合いつつ，「よりよく生きる」ことを求める実践的な過程としてとらえる必要があります。

　ではこの実践的な過程における「よりよく生きる」思考とは何でしょうか。それは，変化の激しい21世紀においては，社会を生き抜くのに必要な問題解決的な思考だと言ってよいでしょう。さらにこの思考は，二者択一を避ける「統合的な思考」に収れんされます。統合的な思考とは，「相反する二つの考えを同時に保持し，対比させ，二者択一を避けて，両者のよさを取り入れつつ両者を上回る新しい解決に導くプロセス」（ロジャー・マーティン，2009）です。道徳科授業で探究されるべき「納得解」は，問題解決を図ろうとする統合的な思考のプロセスの中にあると言ってよいでしょう。私は，『学び合い』を推進する教師には，これらの思考を視野にいれてほしいと願っています。

2 授業のねらい

❶ 多様な価値を探究できる問題解決的な「ねらい」を

　授業においては，子どもたち自身が自らの思考を自律的に働かせて，他者の多様な価値観にふれ，それぞれの価値を大切にする問題解決的な「ねらい」とします。たとえば，「○○場面では，あなたはどうするか」などです。

❷ 一つ一つの徳目ではなく，多様な価値判断ができる「ねらい」を

　また，授業の「ねらい」は，一つの授業で一つの徳目（「価値の項目」）を重視するのではなく，総体としての道徳的価値を探究するようにしたいです。たとえば，一つの徳目として「親切」が「ねらい」となる場合でも，「親切」とは何かをあらかじめ決定することは無理です。つまり「正解」はありません。問題場面の違いによって親切な行為は異なります。また，別の価値，たとえば「思いやり」や「感謝」が当てはまる場合もあります。授業の実際では，子どもが「親切」をどのように考えるか，子どもが教材のどの部分に重点を置いて読むか，自分の生活経験のどの部分を参照するか，クラスのどの子の意見を参考にするかなどによって判断が異なってきます。

　『学び合い』道徳では，子どもの判断がどんなに稚拙に見えても，子どもたちの多様な考えが学び合わされるような「ねらい」の設定をしたいです。

3 授業プランの基本パターン

❶ 事前準備

　事前準備で最も大事なのは，学習課題の設定，何を学び合うかを決定することです。21世紀の『学び合い』道徳科授業では，とりわけ自分の生き方を探究しつつ道徳問題の解決に資する「ねらい」（学習課題）を考えたいです。学習課題が決定できれば，授業準備の大半ができたことになり，授業過程が安心して組めます。と同時に一つの授業では，一つの学習課題にしたいです。そして，一つの発問を準備します（主発問一つ）。そうすれば，学習のポイントを絞ることができるし，学習評価もし易くなります。板書計画もほとんど必要ありません。

❷ 導入（5分～10分）

　導入では，まず教師が学び合いと道徳の大切さを語ります。
（例）「道徳はみんなで考えて答えを出すことが大事です。道徳に対する考え

方は人それぞれです。『自分はこう考える』と出し合いながら、学び合えると道徳が豊かになります。学級も成長します。……」
　次に教材を読み、課題を提示し、時間を指定します。
（例）「では、教科書〇〇ページです。読んでみましょう（範読など）。主人公の『かぼちゃのつる』は、『どんどんのびていく』ことを選びました。みなさんはどうしますか。一人でじっくり考えてもよいですし、友達と話し合ってもよいです。時間は〇時〇分までです。たくさんの人と学び合って、みんなで納得する答えを見つけてくださいね。はい、どうぞ」

❸ 展開（20分〜30分）

　子どもたちは、一人で考えたり、「道徳ワークシート」にメモしたり、学び合ったり、聞き合ったりします。教師は、子どもたちの学び合いの様子をじっくり観察したり（見取り）、学級全体に言葉がけをしたりしながら、学習展開を見守ります。子どもたちの内的・外的なアクティブな姿が見られる場合には、なるべく子どもの学習を邪魔しません。『学び合い』は外から見ただけでは、成立しているかどうかは判別しがたいです。特に、子

道徳ワークシート
　　　　　　　年　　組　　名前
かぼちゃのつる
1　あなたが「かぼちゃのつる」だったら、どうしますか。
　ア　どんどんのびていく。
　イ　のびるのをやめる。
　ウ　その他
2　それは、「なぜ」ですか。理由をたくさん書いて下さい。

3　友達の考えや「なぜ」を教え合う、学び合う、聞き合う（自分と同じ人、違う人と！）
・5人以上と。
メモ（書ききれなかったら、裏へ）

4　最終的に、「あなただったら、どうしますか」「それはなぜですか」（メモ等を振り返り、自分の最終のこたえを出す）。

5　今日の学習を振り返って（深く考えたことや感じたこと、心に残ったこと）
◇17文字（五七五）で表そう。

どもが言葉を発していない場合や会話が脱線している場合など「学び合っていない」と見えます。しかし，多くの場合，教師によるその見取りは見当外れです。言葉が発せられてない場合には，内的なアクティブが起こっていたり，脱線している場合には，次の展開への準備だったりします。不必要な言葉がけを避け，じっくりと子どもの議論や対話，話し合い，聴き合いに耳を傾けたいです。子どもの学習能力を信頼することが何より大切です。

❹ 終末（5分～10分）

終末は，教師による評価と子ども自身による振り返りです。

教師による評価は，学び合いがうまくいったか，一人ぼっちはいなかったか，男女が意見交換できたか，よく聴き合えたかなど，教師が気づいたことを評価します。なるべく肯定的な言葉がけがよいでしょう。しかし時には叱咤激励します。

と同時に，子ども自身による振り返りを大事にしたいです。学習を終えて気づいたこと，今後大切にしたいことを書かせます。私たちが現在力を入れているのは，五七五調のカルタ作り（創作ことわざ）です。p.112～p.119を参照してください。このカルタには子どもの道徳的な思いがたくさんつまっています。

4 授業のポイントと留意点

❶ ポイント1　すべての子どもの意見を見捨てない信念を

『学び合い』道徳は，「一人も見捨てない教育」を実現する一手段です。授業者が一人も見捨てない立場を堅持すること，いや一人も見捨てないという立場を，実践を通じて会得することが何よりも大切です。道徳で言えば，「すべての子どもの意見を尊重する」という信念が教師に求められます。

❷ ポイント2　子どもたち（集団）の有能さを信頼する

子ども集団の有能さを信頼することです。オールマーティに何でもこなす

ことができる子どももいれば，個性が尖っている子どももいます。さっと答えを出せる子どももいれば，答えが出せなくて堂々巡りする子どももいます。現実的な判断が得意な子どももいれば，理想を大切にする子どももいます。子どもの有能さは異なり，千差万別です。子ども集団の力を心から信頼したいものです。

❸ ポイント３　授業過程をダイエットする

　授業の組み立てをダイエットしましょう。教師の主導性は導入と終末に発揮されます。展開過程は，子どもに任せ，子どもたちの問題解決過程の時間をたっぷりとりましょう。教師が高い価値に導こうとして四苦八苦してきたこれまでの授業過程をぜひ問い直したいです。事前準備した授業過程に振り回されながら教師が授業の主人公となる授業はもう必要ありません。

❹ 留意点

　21世紀中葉には，私たちの想定を超えて，これまで以上に社会と自然が激動し，不安定，不確実な時代に突入していくことが予想されます。新たな社会と自然に対応した道徳科授業を構築していくことが私たち教師には求められます。すべての教室で『学び合う』子どもたちの姿を創り出すために，教師みんなができて効果のある道徳科授業づくりに苦心したいです。　　（松下　行則）

【引用・参考文献】
・西川純編　2010　『クラスが元気になる！『学び合い』スタートブック』学陽書房
・西川純・松下行則編著　2016　『アクティブ・ラーニングを実現する！『学び合い』道徳授業プラン』明治図書
・松下行則「インテグレーティブ・シンキングで新しい道徳教育を創る」『道徳教育』2015年4月号～2016年3月号　明治図書
・文科省「『特別の教科 道徳』の指導方法・評価等について（報告）」2016年7月22日
・ロジャー・マーティン（村井章子訳）　2009　『インテグレーティブ・シンキング』日本経済新聞出版社

APPROACH 7

『学び合い』道徳の実践

1 アプローチの魅力と授業のねらい

❶ 『学び合い』道徳の魅力

　『学び合い』道徳の魅力は，多様な人と折り合いをつけて課題を達成していく中で，物事を多面的・多角的に考え，自己の生き方について繰り返し考え直しができることです。誰でも無理なく週1時間の道徳の時間を行い，子どもたち自身が学び方を学び，道徳の時間を要としてよりよく生きる道徳性を養う機会が増えていくのではないでしょうか。

❷ 本時の授業のねらい

　本時は『学び合い』の考え方をもとにして，主発問一つで授業を展開していきます。課題に対して選択肢を与えて，自分だったらどうするかという問いにすることで，話し合う課題を明確にし，自分事として考え，議論し合えるようにしていきます。児童同士のかかわりの時間をたっぷり保証することで，自分の考えをたしかなものにしたり，新たな考えにふれたりできるようにしていきたいです。終末では，1時間で考えたことを「道徳カルタ」にまとめることで，道徳的な価値に関する気づきを意識化させていきたいです。

2 教材の概要（あらすじ）

【「ぼくらだってオーケストラ」（出典：『どうとく4』東京書籍）B－(10) 友情，信頼】

市の連合音楽会に向けて、なつみは、てつおに楽器を親切に教えます。しかし、教わることに抵抗があるてつおは、知らんぷりをしますが、次第になつみの気持ちや考えがわかるようになり、友情が生まれるという内容です。

３ 授業の実際

❶ 本時のねらい

てつおの思いをもとに自分だったらどう行動するかを考えることで、友達と互いに理解し助け合うことについて考えることができる。

❷ 本時の課題（主発問一つ）

てつおは、最後に「なつみさんに逆上がり教えてあげようかな」と考えています。あなたが「てつお」だったらどう行動しますか？自分で選んで、その理由も書きましょう。

　ア：教える　イ：教えない
　ウ：その他

❸ 子どもたちの様子

教師による副読本の範読が終わり、子どもはマグネットを使って自分の立場を可視化しました。その後、ワークシートに自分の考えを書き、自由な交流が始まります。

教師は、子どもたちの様子やワークシートに書かれている内容を見て回りながら、学んでいる状況を全体に伝えたり、子どもたちの考えが見えるように、イメージマップを黒板に書いたりしていました。

黒板を見て，自分の考えのヒントになる言葉を探す子どもも出てきます

25分間程度の交流が終わると，次は，もう一度一人で今日の学びを振り返る時間が始まります。クラスでは，この時間を「静かに自分を見つめ直す時間」として，5分間で静かに今日の学習を振り返るようにしています。この時間で，考えたことをカルタにまとめ，最後に数名の子どもに発表させます。終末の教師による説話などはせず，交流を通して，自分の考えをわかりやすく伝えたり，相手の考えを詳しく聞こうとしたりしている姿を称賛し，次時の学びにつなげています。

❹ 子どもたちが考えたカルタ

・てつおとなつみ　互いに協力　大切だ
・おんがえし　きずなを深める　いいことだ
・おんがえし　気持ちをかえす　教えるよ
・ありがとう　ぼくが教える　てつぼうを

子どもたちが考えたカルタは，一覧にまとめて教室に掲示し，毎時間のワークシートも学びの足跡としてまとめ，いつでも見られる状態にしている。日常的に目にふれる環境を整えることで，道徳への関心を高められるようにしている。

4 まとめ

❶ 子どもたちの道徳アンケートから（21名から回答）

> 道徳の時間はどうですか？また、なぜそう思いますか？
> 平均評定：3.7点（4段階評価。4とてもたのしい～1全然たのしくない）
> 〈理由〉
> ・普段一緒にいる友達の違った様子が見られて協力ができるから。
> ・普段かかわりの少ない人と深く考えたり新しい意見を見つけたりできるから。
> ・違う考えがある人と交流して違う考えも出てくる。
> ・（あまり楽しくないと答えた子どもの理由）なんとなく感じたことを書くだけだから。
> あなたにとって道徳の時間とはどんな時間ですか？（自由記述・カルタ可）
> ・新しい自分、新しい友達を見つける時間
> ・考える　とても楽しい　道徳だ（道徳は考えるし、とても楽しい）
> ・みんなとね　分かり合えたら　うれしいぜ（みんなと分かり合える時間）
> ・道徳は　違う自分と　会えるんだ
> 『学び合い』道徳をやってきて自分やクラスが成長したと思うところは？（自由記述）
> ・みんなが同時に学べることができるから教え合う力がついた。
> ・友達とかかわり合えることが多くなり、教え合いや助け合う力が身についた。
> ・書く力や交流することが身についた。

❷ 最後に

　『学び合い』の考え方を生かし、「主発問一つ」で課題を考えて行ってきました。考えることを一つに絞ることで、何を話し合えばよいのかが明確になり、考える時間が十分に確保できました。また、教師にとっても一つの課題を考えることに集中すればよいので、無理なく毎時間課題を考えることができ、年間35時間実践することができました。子どもたち一人ひとりの道徳性は、十人いれば十通りあり、多様です。『学び合い』道徳はその多様性を認め、考え・議論する時間を確保でき、よりよい生き方の基盤となる道徳性を身につけることができる授業方法の一つになるのではないでしょうか。子どもにとっても、教師にとっても、年間35時間の道徳の時間が楽しみなものになるように、子どもたちの姿から授業を考えていきたいです。　（渡邉　拓）

APPROACH 7

『学び合い』道徳の実践

1 アプローチの魅力と授業のねらい

❶ 『学び合い』の道徳の魅力

　これまでの一斉型の道徳の場合，教師の意図する考えを一部の生徒が発表し，それで授業がまとめられるといったことがありました。このような授業では，多くの生徒が，道徳を自らの問題として主体的に考えることから，置き去りにされてしまいます。

　それに対して『学び合い』の道徳では，どこまでも生徒一人ひとりを大切にしていきます。教室にいる全員が，自らの問題として主体的に道徳と向き合うことを目指し，それを保障するのです。

　さて，ここで大切なのは「誰が保障するのか？」ということです。もちろん教師は全力で保障します。しかし『学び合い』はそれだけで止まりません。『学び合い』の道徳では，生徒一人ひとりが全員の主体的な学びを保障していきます。つまり，「みんなでつくる道徳の時間」なのです。これこそが，『学び合い』の道徳の最大の魅力だと考えます。

❷ 本時の授業のねらい

　道徳教育が担うべき今日的課題の一つに，いじめの問題があります。「いじめはいけないことだ」ということは，誰もが知っています。しかし，なかなかなくすことができないのが現実です。本時は，生徒相互で自由に意見交換を繰り返すことで，一人ひとりの考えを共有していきます。そして，いじめのない学級（社会）を作るにはどうしたらよいかを具体的に考えていきます。

2 教材の概要

本時の主たる教材は，一枚の絵です。本時は，ネット上に紹介されている実践例（下記参照）を参考にしています。様々ないじめの様子が描かれており，絵を読み解くことで，いろいろな発見をすることができます。おそらく小学校を舞台としたイラストですが，中学校でも起こり得るような，日常的な風景が描かれています。

【参考資料】自作資料による「いじめ」の授業
(http://www.saga-ed.jp/kenkyu/kenkyu_chousa/h16/08syodoutoku/jugyouzissenrei_freme.htm)

3 授業の実際

授業の構成は，とてもシンプルです。以下，流れに沿って説明します。

❶ 今日の課題を伝える（5分間）

『学び合い』の道徳では，本時の課題を生徒にはっきりと提示します。生徒たちが課題を共有することで，その解決に向けて主体的に協働することができるようになります。

本時は，絵を見せながら次のように語りました。

「この絵には何が描かれているでしょうか？（「いじめ」という声が出る）はい。そうですね。いじめは誰もがいけないことだと考えています。でも，実際の社会ではいじめで苦しんでいる人がたくさんいます。みなさんの中にも，いじめを身近に見てきた人がいますよね。どうして，いけないとわかっていることが起きるのでしょうか，そして，いじめをなくすためにはどうすればいいのでしょうか。この絵を見ながら，考えていきましょう」

ここで語ったのは，学習の目的です。次にワークシートを配付して，その

ための方法について伝えました。
「この絵を見て、気になる子や、気になることを挙げて下さい。それをもとにしながら、いじめをなくしていくために私たちができることを、具体的に考えて下さい」
そして、「最低でも10人と意見交換をしながら考えること」を条件として付け加えました。これは、生徒相互の交流を活性化させるための仕掛けです。生徒たちは、この目標をクリアするために動き回ります。慣れてくれば、このような条件がなくても生徒たちは自然に動けるようになります。

ポイント
課題の説明はできるだけ短く、明確にして伝える。

❷ 生徒たちの話し合い（35分）

「ではスタートです」と言って、このあとの時間は生徒たちに学びを解放していきます。生徒たちは、それぞれに考え始めます。一人で考える生徒もいれば、最初から活発に意見を交わす生徒もいます。生徒たちは教材の絵を共通の話題としてもっているので、意見交換はスムーズに行われます。ワークシートとして配付する小さい絵のほかに、拡大したものを黒板にはっておくと、その周囲に生徒たちが集まって話し始めます。

最初のうちは、「絵の中で何が行われているのか？」という、いわば絵の解釈が話の中心となります。しかし、時間が経過するにつれて「どうしてこんなことが起きるのだろう？」「この子はどんな気持ちなんだろう？」など、現実の出来事に向き合うかのように考えるようになります。

このとき教師は、生徒たちの活動に介入しません。そのかわり、「もし、この学級の一員だったとしたら何ができるかな？」というように、この時間が目指すことを、生徒全体に対して繰り返し語っていきます。授業の中で教師は指導者というよりも、むしろ学習環境の一部として機能するのです。

> **ポイント**
> 教師は，生徒たちの活動に介入せず，見守ることに徹する。

❸ カルタづくり（10分）

本時の振り返りとしてカルタを作ります。この時間の最も大切な学びを，十七文字程度の言葉にしていくのです。

それまでの35分間，生徒たちは様々な対話を重ねており，その学習量は膨大です。それを一気に削ぎ落として，自分にとっての核となるワードを探っていきます。そうして生まれてきた言葉は，ごく当たり前のものが多いです。しかし，その背後にある学びを考えると，それらの言葉はとても意味の大きいものに感じられます。完成したカルタは，学級に掲示して全体で共有しました。

4 まとめ

私の学級では，『学び合い』の道徳を継続的に行っています。生徒たちの感想をいくつか紹介します。
○みんなと話すことで，自分だけでは出てこない考えを知ることができた。
○自分の言いたいことを恥ずかしがらずに言えるところがいいと思う。
○意見交換で「なるほど」と思うことがたくさんあり，今までよりも道徳に興味をもって取り組むことができた。

実践を通していつも感じるのは，生徒たちは優秀な学び手であるということです。これからも頑張ります。

（原　徳兆）

APPROACH 8

ソーシャルスキル トレーニングの理論

1 ソーシャルスキルとは

　ソーシャルスキルとは，「対人関係を円滑に築き，そして維持するためのスベやコツ」として考えられています。「スベやコツ」というと，要領のよさといった印象を受けるかもしれませんが，そうではありません。社会という他人との共同体において自律して生きて行くために必要な社会性や，より善く生きるための道徳性を，具体的に学ぶことのできる対象としてとらえ，親から子へ，教師から生徒へといった伝えられる単位，ユニット，スキーマ，フレームワークに集約されたものといえるでしょう。

　生まれたときには，何もわからない状態でいるわけですが，親を中心に，周囲にいる人たちから，人として生きることの意義や価値，互いの存在に敬意を払い迷惑をかけないために必要な考え方，気持ちのもち方，行動を学んでいるのです。

　今までは，こうした社会性や道徳性を，「人に迷惑をかけるな」「自分の足でたて」「仲良くしなさい」といった，どちらかといえば抽象的に，また精神論で身につけさせようとしていました。具体的な行動は，経験するなかで獲得するものだ，といった徒弟的な風潮が強かったのです。

　ところが，こうしたやり方は時代とともにうまく機能しなくなっています。子どもたちの生活も多様化し，抽象度が高い教え方のみでは，具体的な考え方や行動の仕方を伝えることができません。経験できるような機会も少なくなりました（核家族化，子育ての密室化，子どもの数の減少，住まい方の変化，孤立化など）。もっと，すべての子どもたちが理解できるように，どの

ような考え方ができるのか，どういった行動をとることがよいのか，そしてさらに教えることが難しいとされていた気持ち（感情）のありかた，までを含めて，丁寧に教えていくニーズが高まっているのです。

　ソーシャルスキルトレーニングこれ自体は，道徳の時間でも特別活動の時間でも活用できます。これは子どもたちの発達に応じて，生きて行く上で大切なことを学ばせる「ストラテジー」であり，ここ20年以上における実践や研究でも効果があることが明らかにされてきています。特別支援の必要な子どもたちにも効果があります。道徳をどのように子どもたちに教えたらよいか，その回答に胸を張って応える一つの教授法といってもよいでしょう。

2　ソーシャルスキルトレーニングとは

　たとえば，「友達と仲良くしなさい」と言われても，どうすれば仲良くできるのかわかりません。わからない，できない，といった状態で悩んでしまう子どもたちがたくさんいます。「仲良くしなさい」と言われて仲良くできる子どももいるでしょうが，教師が考えているほど，当たり前にできると思うことが当たり前に思えない子どもたちが増えているのです。こうした子どもたちは，「思いやりがない性格」「怒りっぽい性格」と性格という烙印をおされその烙印を引きずることになります。結果として劣等感が強く，自尊心が低くなりがちです。

　ソーシャルスキルトレーニングは，こうした子どもたちの問題を「性格」のせいにしません。「スキルやコツを学んでいない」というせいにします。つまり，当たり前というデフォルトにできるところまで，そのスキルやコツを学ぶ機会がなかった，教えてもらえていない，ととらえるのです。なぜなら，実際に親をはじめ近隣地域の人たちから教えられる機会がなくなっています。お手本になるモデルと接する機会も減り，親も養育スキルに乏しく仕事や家事に追われる状況にあると，いわば当たり前のことをしっかり伝える人がいなくなっているのです。

学校も学力偏重の傾向が強く，人格形成を目標に掲げながらも，こうした社会性や道徳性を子どもたちの状況に応じてしっかりと教えるすべをもたないでいました。つまり，目標は掲げていながらも，具体的に教える方法が（それこそスキルやコツ），各教師の努力に任され共有されていないという課題がありました。スキルの未熟な子どもたち同士の関わりは，良いことを学ぶ経験よりも，悪い経験の積み重ねに翻弄され，いじめや不登校といった問題を呈するようになっているのです。

3　ソーシャルスキルトレーニングを支える教え方

　そこで，子どもたちにとって必要なことが，ソーシャルスキルというかたちで学ぶことが可能なコンテンツになりました。子どもたちの視点からは，抽象的でとらえどころがなかった社会性や道徳性を，学ぶことのできる対象として印象づけることができます。教師の視点にたてば，どうやって教えることができるのか曖昧だったものが，教えられるものとして理解されるようになってきたのです。学ぶことができるもの，教えることができるものとして理解することができれば教える側も学ぶ側も前向きにとらえることができます。トレーニングすればステップアップすることができるという意欲をもつことができるのです。
　それでは，具体的にソーシャルスキルトレーニングとはどのようなことをいうのでしょう。ソーシャルスキルトレーニングは，人がこうした社会性や道徳性をどのように学んでいるのかという「学び方」についてのエビデンスを集約した方略といえるでしょう。赤ちゃんから大人になるまで，私たちは必要な知識を知識として教えられ（インストラクション），お手本を見て（モデリング），実際にやってみて（リハーサル），ほめられアドバイスされて（フィードバック），次第にほかの場面で試していく（チャレンジ），といったことを繰り返して学んでいるのです。

4 ソーシャルスキルトレーニングの授業のねらい

　ですから，まずは子どもたちに身につけてほしい社会性や道徳性を，教えられるスキルやコツとして噛みくだくことが必要です。たとえば，友達と仲良くするためには，「相手の話を聴くこと」「自分の気持ちを伝えること」「怒りの気持ちをマネジメントすること」「相手にあたたかい言葉をかけること」「上手に断ること」「やさしく頼むこと」など，いろいろなスキルが必要なことを認識し，教えることができるユニットとしてとらえます。

　この時点で，教師側は，今まで子どもに投げかけてきた言葉かけや教え方が，とても曖昧で抽象的で，よく咀嚼しないで根性論だけを繰り返し怒りながら与えていたと反省することにもなるでしょう。こうしたスキルやコツに噛みくだくことができれば，先に述べた「インストラクション」「モデリング」「リハーサル（ロールプレイなどを含む）」「フィードバック」「チャレンジ（ホームワーク）」のステップの内容について考えます。

　インストラクション：たとえば，「相手の話を聴く」というスキルを教える場合，どうして「聴く」ことが大切なのかを，対象となる子どもたちの発達（理解する力，ボキャブラリー，現在の状況など）をふまえて，わかりやすく伝えるコンテンツを考えます。教材や身近な経験から例を挙げて，「聴く」ことができると友達をつくることができることや，聴かないと逆に悲しい体験をすることなどを説明し，子どもたちが，このスキルを学びたいと思うように惹きつける内容を考えます。

　モデリング：「聴くスキル」が具体的にどのような態度や行動，ときには考え方や感じ方なのか，そのイメージを与えられるモデルを考えます。ドラマや絵本を用いてもいいですが，先生や仲間によるライブモデルは効果があります。良いモデルと悪いモデルを提示して，どこか良かったか，どこがダメだったか，子どもたちに気づかせることも効果的です。

　リハーサル（ロールプレイ）：聴くスキルのコツが，たとえば，相手に身

体を向ける，相手の顔を見る，話を聴きながら頷く，といった三つのポイントがあることに気づかせると決めたら，今度はペアやグループで，ロールプレイを用いてこの三つがいかに大切か体験させます。

　フィードバック：実際に話し手が「聴いてくれている」と感じるようにできているか自分で振り返り，先生や友達に「いいね」と言われるようなフィードバックをもらえるようにします。自信をもたせるようにします。

　チャレンジ（ホームワーク）：その授業でできたことを，ほかの状況に応用できることが必要です。お家の人と話すときに試してみよう，来週までに誰かに試してみようといった課題を出します。お家の人からも「いいね」がもらえるよう保護者やほかの教師にも協力してもらえるようにしておくと効果が大きくなります。

5 授業プランの基本パターン

❶ 事前準備

　たとえば，敬意を払うスキルをターゲットスキルにする場合は，インストラクション，モデリング，リハーサル，フィードバックを活用して学べるようスキルのポイントを整理し計画を立てましょう。どんなことを教師から発話し，モデルを提示し，どのようなかたちでリハーサルしてもらい，フィードバック，チャレンジの内容はどうするかなど考えておきます。授業の流れにそってワークができるようにワークシートを準備しておくとよいでしょう。次に，「敬意を払うスキル」の具体的なポイントと指導案例を示してみました。

　ポイントは，「①生徒が学びたいと思うターゲットスキルを選ぶ。②インストラクションやモデリング等の順番は自由に決められる。③前向きにとらえられるようフィードバックを用いて自信をつけさせる。④クラスだけでなく，学校全体でソーシャルスキルを身につける意義を共有し，個別にも対応できるようにしていると効果が高まる」などです。

（渡辺　弥生）

ターゲットとなるスキル〈敬意を払う〉

		学習活動・主な発問と予想される生徒の発言	指導上の留意点
展開例	導入	■ 前回の授業の振り返りと授業ルールの確認を行う。 チャレンジの結果をもとにする。 ■ アイスブレーキング：例えば「いいところさがし」 インタビューをしてみてどう思いましたか？ ○それぞれに良さがあることに気づいた。	○練習の大切さを確認する。 ○外見的特徴に注目せず，内面のすてきな特徴に目がいくようサポートする。
	展開	【インストラクション】 ■相手に敬意を払うことについて説明する。 「敬意を払うとは，他者の存在も自分の存在と同じように，かけがえがないオンリーワンであることに気づくことだね。だから，相手の考えや気持ちを認め，そのうえで，話を聴いて行動しましょう」「簡単なことからすると呼び方からでも相手の名前や相手が望む呼び方をしてあげることが大切だよね」 ポイント ①自分と他人は違うことに気づく ②違いがあるからこそ気遣って伝える（乱暴な言い方をしない，言葉遣い） ③違いを受け入れる態度をとる（非言語行動）。 モノローグ ■他者に敬意を払った経験を教師が語る。 【モデリング】 ■敬意を払う行動がどのようなものかみてみましょう。 ①モデル1：言葉遣い「呼び捨てで，命令調」 ○（悪い例）「おい，お前，座れよ」 ○（良い例）「○○くん，こっちに座ってくれる」 ■モデルをみて，どんなことが敬意を払うことと関係すると思いましたか。 ②モデル2：態度「相手をきちんと見ない」 ○（悪い例）「人の顔をよく見ないで，話を聞く」 ○（良い例）「人の顔をよく見て，話をうなずきながら聞いている」 ■モデルをみて，どんなことが敬意を払うことと関係すると思いましたか。 【リハーサル】&【仲間からのフィードバック】 ■モデル1・2を振り返ってグループでやってみる。 ペアになってお互いに，言われたい言葉や口調，態度でやってみる。感想を述べ合う。	○生徒にわかるように例を用いて説明する。 ○できれば，より具体的なポイントにする。 ○教師の体験を身近なものと感じさせながら，素直な感想を発表させる。 ○男女別のグループで話し合わせてもよい。性差の違いを確認させたい。 ○モデルをみて，言語的行動だけでなく，非言語的行動（表情，声，しぐさなど）にも，敬意が表れることに気づかせる。 ○批判ではなく，できたことを互いに認め合うように促す。
	終末	【教師からのフィードバック】 ■尊敬の念をもつことの大事さ（考える力），言葉や非言語的な行動を変えることができる（行動力），さらに，心が豊かになる（感情面），ということへの気づきを与える。 【チャレンジ】 ■日常生活の中で意識的に敬意をはらうように促す。	○人間らしいあたたかい心づかいの大切さを話し，一人ひとりの心に余韻が残るようにする。 ○練習することを促す。

APPROACH
8

ソーシャルスキルトレーニングの実践

1 アプローチの魅力と授業のねらい

❶ ソーシャルスキルトレーニングは「特別の教科　道徳」で生かせる

　「特別の教科　道徳」では，道徳的知識の獲得だけでなく，言葉で表現したり，行動に表したりすることが求められています。そのための指導方法の工夫例として「道徳的行為に関する体験的な学習」が示されました。この「体験的な学習」こそソーシャルスキルトレーニング（以下，SSTと表記する）です。

❷ ふわふわ言葉とチクチク言葉の授業の魅力

　本授業の目標は「特別の教科　道徳」の「B　主として人との関わりに関すること」「小学校第１学年及び第２学年　礼儀　（8）気持ちのよい挨拶，言葉遣い，動作などに心掛けて，明るく接すること」の「言葉遣い」に関する道徳的な判断力，心情，実践意欲と態度を育てることです。
　教室には様々な言葉が飛びかっています。楽しそうな笑い声を聞くと，こちらも笑顔になります。子ども同士が「じょうずだね」「一緒に鬼ごっこしよう」「私たち親友だよね」と話しているのを聞くと，心がふわっと温かくなります。しかし，ときには「おまえ」「じゃま」「うざい」「あっちいけ」「だまれ」などの言葉が聞こえてきます。そのときは心が針で刺されたようにチクチクと痛みます。筆者は前者をふわふわ言葉，後者をチクチク言葉と呼んでいます。教室にチクチク言葉が増えると，教室全体がチクチクした雰囲気になり，子ども同士のトラブルが増えます。つまり，教室が安心して過

ごせる場所ではなくなります。

　チクチク言葉を頻繁に使う子どもは躊躇なく瞬間的に口に出し，言ったあとで「しまった」と後悔する様子もありません。おそらく，口癖のようになっているのでしょう。相手を思いやる力や相手の気持ちを想像する力が乏しいことが彼らの課題です。したがって，教師が彼らに「言われた相手の気持ちを考えてごらん」「そう言ったら相手は嫌がるでしょう」と教えても，効果は期待できません。言葉で教えて頭で理解させようとするのではなく，SSTによる体，頭，気持ちのすべてを使う体験学習が有効です。具体的には，子どもにふわふわ言葉，チクチク言葉の具体例を示すこと，リハーサル（ロールプレイ）をして，ふわふわ言葉とチクチク言葉を言う，言われるの両方の立場を体験すること，相手から言われた言葉によって自分の気持ちが全く違うことを体験的に学習することの3点です。

❸ 本時のねらい

・ふわふわ言葉を言われると，温かい気持ちになることを実際に体験して，そのときの気持ちを言葉で表現する。
・チクチク言葉を言われると，嫌な気持ちになることを実際に体験して，そのときの気持ちを言葉で表現する。
・教室にふわふわ言葉が増え，チクチク言葉が減ると，皆が気持ちよく過ごせることに体験を通して気づき，言葉遣いが変わる。

　つまり，言葉と気持ちのつながりに気づき，言葉遣いを気をつけることによって，豊かな人間関係を築けるようになることがねらいです。

2　授業の実際

❶ 教材「ふわふわ言葉とチクチク言葉のポスター」の概要と使い方

　子どもたちに教室で，自分が言ったり，聞いたりしたことがあるふわふわ言葉とチクチク言葉をできるかぎり多く発表させます。授業への意識を高め

るために，教師が示すのではなく，子どもに発表させることが重要です。出てきた言葉を写真のようにポスターにします。

授業後，ポスターは教室に掲示します。子どもたちはポスターを見るたびに，ふわふわ言葉とチクチク言葉を意識します。しかし，しばらく経つと，ポスターは教室の見慣れた風景となり，子どもたちの言葉遣いへの意識は薄れてい

きます。これを防ぐために，もう一工夫します。子どもたちが帰りの会で1日を振り返り，自分が言ったり聞いたりしたふわふわ言葉とチクチク言葉を発表します。金曜日には，1週間の振り返りを行います。教室に定着したふわふわ言葉の葉を増やし，聞かれなくなったチクチク言葉の葉を取り去ります。帰りの会といった短い時間を利用して，活動を毎日継続することが重要です。

❷ SSTの実際

帰りの会の活動をしばらく続けた後，SSTの授業を行います。授業ではポスターを教材として使用します。SSTは以下の順で行われます。

インストラクション…ふわふわ言葉とチクチク言葉を言われたときの気持ちを考え，発表させます。

モデリング…ポスターのふわふわ言葉とチクチク言葉の中から教室で使われている頻度が多い言葉を一つずつ選び，教師2人がペアを組み，ふわふわ言葉とチクチク言葉の2場面を対比的に演じて見せます。

場面1＝ふわふわ言葉

教師1：「一緒に遊ぼうよ」　教師2：「いいよ，私も○ちゃんと遊びたかったんだ。何して遊ぶ？」。教師1が教師2にふわふわ言葉を言われたときの気持ちを伝えます。

場面2＝チクチク言葉
教師1：「一緒に遊ぼうよ」　教師2：「やだ！○ちゃんとは遊ばない」。教師1が教師2にチクチク言葉を言われたときの気持ちを伝えます。

リハーサル（ロールプレイ）…SSTのメインの活動です。子どもが2人組になり，モデリングで見た2つの場面を実際に演じる。「いいよ」「やだ！」と言われたときの自分の気持ちを相手に伝えます。終わったら，役割を交代して演じます。

フィードバック…子どもたちにリハーサル（ロールプレイ）の感想を発表させます。感想をまとめながら，言葉と気持ちのつながりを確認します。また，クラスの中でみんなが気持ちよく過ごすためには，ふわふわ言葉を増やし，チクチク言葉を減らすことが大切であることを確認します。

授業の終わりに振り返りカードに記入します。内容は「ふわふわ言葉とチクチク言葉を言われたとき，どのような気持ちになったか」「チクチク言葉を言われた相手の気持ちがわかったか」「これからの生活で，どんなことに気をつけたいか」などです。

3 まとめ

筆者らは11月にSSTを行い，学年末まで毎日，帰りの会でふわふわ言葉とチクチク言葉の実践を続けました。その結果，教室のふわふわ言葉が増え，チクチク言葉が激減しました。教室の雰囲気はまろやかになり，子ども同士が助け合う場面も増えました。教師が言葉遣いを注意することはめっきりと減りました。SSTは一回行うだけですぐに効果が現れるものではありません。SSTは学習のきっかけであり，学習を定着させるためには，帰りの会などを利用してコツコツと毎日続けていく必要があります。

（藤枝　静暁）

APPROACH 8

ソーシャルスキル
トレーニングの実践

1 アプローチの魅力と授業のねらい

❶ 感情に「気づく」ことの大事さ

　「キレる」という問題は，子どもだけでなく，大人社会でも話題にあがることが増えてきています。たとえば，駅のホームで肩がぶつかったことで人を殴ってしまったなど，大人でも直情的になり暴力行為で逮捕……といった事件は珍しくなくなっています。そのため，大人も子どもも「感情」とどのように付き合っていくのかは，現代社会において非常に重要な課題となっていると言えます。そうしたことからも，自己の内面に向き合うようになってくる思春期において，特に感情との付き合い方を学ぶことは非常に意義のあるテーマと言えます。

❷ 本時の授業のねらい

　学校で行われている「感情」を扱う授業の中には，感情をコントロールするという点に焦点をあてているものがあります。「感情のコントロール」というと「感情を抑制する」というメッセージを与えてしまいがちになります。特に，怒りなどのネガティブな感情は抑制すべき（我慢すべき）という間違ったメッセージを送ってしまうリスクがあります。怒りなどのネガティブな感情をなきものにして抑圧しても，それは形が変わって表現されるだけになります。また感情（特にネガティブな感情）を感じない状態が長く続くことで非常に深刻な心理的な問題状況を生み出すことになるとの指摘もあります。感情はネガティブだけでなくポジティブなものもあり，その豊かな感情が自

分の中に湧いてきていることに気づき，それに圧倒されずに，適切に表現していくことができるようになることが大事です。

本時の授業では，コントロールの前段階として，自分の中に湧きあがる感情に気づくことに焦点をあてています。特に，怒りなどの感情は自分の中で湧きあがっているということに気づけることが非常に重要です。感情に気づけることで，「今，イライラしてきたらとりあえずこの場から立ち去ろう」「イライラしてきたら，深呼吸しよう」と何らかの対処することにつながります。自分の中に起こっている感情に気づけることがまず大事なのです。そして，どのようにコントロールしていくかなど具体的な考え方，対処方法について次の時間に扱うとよいでしょう。そこで，本時ではまず「感情」には様々なものがあることを確認します。ネガティブな感情も，ポジティブな感情も含めて，自分の中に豊かにある感情を丁寧に確認します。小田の研究によるとネガティブな感情体験をした人は快感情の気づきが弱いことがわかっています。そのため，ネガティブな感情だけとりあげるのではなく，必ずポジティブな感情も含めて授業を行っていくことが重要です。

次に，自分の中に湧きあがってきた感情に「気づく」ための手がかりとして，ある感情を感じたときの体の反応との関係をとりあげます。体の反応に気づけることで，気持ちにも気づけることを目指していきます。

ポイント
1 気持ちはたくさんあることを知る。
2 自分の気持ちに気づくことができる。
3 気持ちが湧きあがっているときの体の感じに気づくことができる。

感情は人間にとって基本的な要素であり，単発の授業ではなく，数時間使ってとりあげることが望ましいです。特に，生徒指導等で個別の支援を必要としている生徒には時間をかけて丁寧に取り組むとよいでしょう。

2 授業の実際

❶ 気持ちを表す言葉を挙げていこう

　気持ちを表す言葉を挙げていってもらいます。なかなか言葉を書けない場合には、「最近の出来事を思い浮かべて、そのときに自分がどのような気持ちだったのか振り返ってみるとよいでしょう」と伝えることも思い出すための手がかりになります。個人で３分ほど時間をとり、ワークシート等に書き出してもらい、その後、クラス全体でシェアをしていきます。その際、「自分で書けなかった言葉が出てきたらメモしておくといいね」と伝えて、気持ちを表す言葉のバリエーションを増やせるよう声かけをします。

❷ 気持ちと体の状態の関係を知ろう

　次に、ポジティブな気持ちとネガティブな気持ちをそれぞれ一つずつとりあげます。たとえば、「嬉しい！」という気持ちをとりあげ、「どういった場面でそうした気持ちになった？」と、まずその場面を尋ねてみます。そしてそのとき、嬉しい気持ちを感じたときに体がどのような感じだったかについて尋ねてみます。顔が赤くなった、汗をかいたなど、興奮した時の体の感じが挙がってくるでしょう。

　そして次に、イライラしたときについても同じように尋ねていきます。イライラした場面について、そしてどのような体の感じになったかについて聞いていきます。顔が熱くなってきた、胃のあたりがきりきりした、といったような体の反応が挙げられます。ここで注意したいのが、体の反応は人それぞれであるので、どれがいいとかだめかということではありません。ここで強調したいのは、イライラした気持ちと体の反応が関係し合っていて、「胃がキリキリしてきたら、自分はイライラしているんだな〜と気づけるね」というメッセージです。体の状態に気づけることで気持ちを覚知でき、それが非常に大事であるという点です。

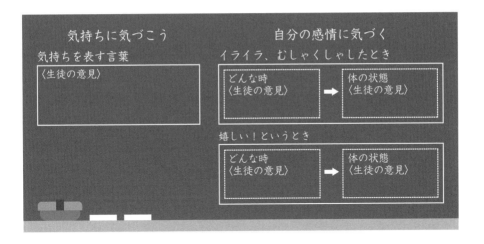

　生徒の中に，ある感情を感じたときの体の状態について尋ねても，それが「わからない」と答える子もいます。そうした子どもは様々な理由で気持ちを感じること，体を通して気持ちを感じることが難しくなっている可能性が考えられます。その場合，リラックス法や呼吸法などを通して，体がリラックスした感覚（たとえば，「体があたたかくなってきた」）と，同時に起こっている気持ち（「ほっとした」「落ち着く」など）をつなげていくことも必要になります。こうした支援は個別で行っていくとよいでしょう。

3 まとめ

　感情と向き合うこと，特にネガティブな感情との付き合いは大人でも非常に難しいテーマです。そのため1回の授業だけにとどまらず，学級の時間や朝の会，帰りの会などの時間，そして生徒指導場面など様々な機会を活用し，感情への気づきを促していくことが非常に重要です。そして，そうしたかかわりが行動面も変えていくことになるのです。

(小林　朋子)

APPROACH 9

パッケージ型ユニットの理論

1 パッケージ型ユニットによる道徳科授業とは

❶ パッケージ型ユニットで課題探究型授業を創造する

　道徳科パッケージ型ユニットとは,年間35時間の道徳科を一つの単元としてとらえ,その中に学校教育目標や学校・学年の道徳的実態を踏まえて設定した重点指導テーマや現代的課題解決テーマを数時間の小単元として設定することで,子ども一人ひとりの課題意識を大切にした道徳学習プロセスを実現しようという,学習者目線にたった授業づくりの理論です。

　もちろん,これまでの1主題1時間完結型授業をすべてパッケージ型ユニットで置き換えようとするのではありません。多時間扱いのテーマ型パッケージで授業展開した方が,子どもの道徳的課題解決において実効性が高まると判断される際にとても効果的です。たとえば,「いじめ」をテーマ設定するような場合,「生命の尊さ」,「公正,公平,社会正義」,「友情,信頼」といった価値内容をそれぞれ単独に主題設定して指導するよりも,同一テーマでのユニット（小単元）として関連づけて連続的な指導をした方が子どもたちの学習課題意識も明確で,より深い次元での自分事としての学びにすることができます。

　パッケージ型ユニットを学期毎の重点的指導内容として年間指導計画にいくつか位置づけることで,具体的かつ実効性の伴う弾力的な道徳科カリキュラムが実現でき,その改善のためのカリキュラム・マネジメントも効果的に機能できるようになります。パッケージ型ユニットによる道徳科授業への転換は,子ども一人ひとりの道徳課題意識を大切にした学習プロセスを提供す

るという，学習者中心の新たな道徳科授業創造のための理論なのです。

❷ パッケージ型ユニットで道徳科授業づくりそのものを一新する

　道徳科パッケージ型ユニット理論の基本的な考え方は，次の三点です。

---
①道徳学習課題の共有による協同的課題探究を重視する。
②協同思考によって導きだした共通解（共有し合える望ましさとしての価値理解）をもとに個としての納得解（自らの価値実現への志向意思力）の紡ぎを実現する。
③テーマ課題追求を通して個としての道徳的資質・能力を高める。

　パッケージ型ユニットによる道徳科授業づくりの前提は，各教科同様に課題探究型協同思考学習です。個々の道徳的なものの見方，感じ方，考え方は道徳的体験や道徳的気づきの差であるわけですが，道徳科授業ではそのスタートフリーな状態で相互が協同思考活動を展開することで多様な価値観が交錯し合い，結果的に多面的・多角的な視点からの道徳的価値追求を可能にしてくれます。そして，その学習プロセスを経ることで互いに共有し合えた価値に対する一定の望ましさとしての共通解が形成されます。さらにその共通解を自分事として受け止めたとき，そこに個としての納得解が紡がれます。これが道徳科授業での個としてのゴールフリーな道徳的学びの成果です。このような学びを連続させることで，多様な価値を内包した現実的かつ日常的道徳課題と向き合える「生きて働く力」としての道徳性が培われるのです。

　いじめにしても，自他生命の尊重にしても，情報モラルにしても，このような日常的道徳課題は単一の価値内容を指導さえすれば解決されるといった性格のものではなく，複合的に関連する価値内容を総合的・横断的に吟味することで初めて道徳的課題解決が可能となるのです。その点で，パッケージ型ユニットでの道徳科授業づくりで何よりも大切にしなければならないのは，個の道徳的学びを支え・継続させる課題意識をどう持続させるかという学習

プロセス構成が一番のポイントになります。また,そこではこれまであまり重視されてこなかった個々の道徳的資質・能力形成も同時進行します。

つまり,パッケージ型ユニット理論の大前提は,従来からの指導過程論ではなく,子どもの学習課題解決に視点をおいた学習プロセス構成論なのです。

2 パッケージ型ユニットの構成方法と留意点

パッケージ型ユニットの構成の仕方に決まった定型はありません。ただ,現実的な年間指導計画立案とそのカリキュラム・マネジメントを想定すると,多時間構成ユニットではおおよそ次のような3パターンに集約されます。

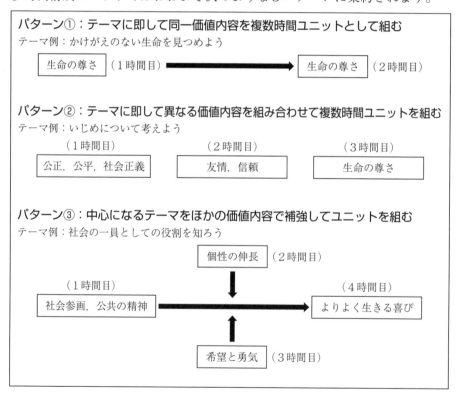

パッケージ型ユニットを有効に機能させるためには，必然的な価値追求を可能にする明確なテーマで貫かれていることが何よりも大切です。そして，テーマにかかわる価値理解や価値実現への力を鼓舞しながら課題探究を継続できる道徳学習課題の設定が各時間において容易であることも大切です。いわば，子どもたちの目的指向性をもった道徳的学び活動というアクティブ・ラーニングが各時間の中できちんと具現化されてこそのパッケージ型ユニットによる道徳科授業の創造なのです。

　このような教科型単元における道徳的学びの一貫性と道徳学習課題に基づく課題探究型道徳科授業をイメージしていくと，パッケージ型ユニットでの子どもの学習プロセスの継続性，つまり各時間をまたぐ課題意識の一貫性を保持していくことが重要なポイントである点を理解いただけると思います。その工夫については，次のような次時学習へのつなぎを工夫することで子どもたちの継続的な道徳学習課題意識をもたせることができます。

テーマ例：いじめについて考えよう
《1時間目／価値内容：公正，公平，社会正義》
①パッケージ型ユニット全体のテーマを提示（教師）
②日常経験や教材中の道徳的問題から本時の道徳学習課題を設定
例：いけないとわかっているのに繰り返されるのはどうしてなのか？
③協同思考による課題探究で導き出した共有し合える価値理解としての共通解の確認
④共有し合える望ましさとしての共通解をもとに個としての納得解の紡ぎ
⑤テーマを深めるために次時の道徳学習課題の検討
例：友達の中からもいじめが起こるのはどうしてなのだろう？
《2時間目／価値内容：友情，信頼》
①前時に検討した学習課題確認および修正による再設定
②協同思考による課題探究で導き出した価値理解としての共通解の確認
以下④，⑤と学習プロセスを展開して3時間目「生命の尊さ」へ継続する

3 パッケージ型ユニットが効果的な学習プロセス

　パッケージ型ユニットによる授業づくりを進めると，従来型の指導過程論では子どもたちのアクティブ・ラーニングによる協同思考活動を軸にした課題探究型道徳科授業を展開しにくいことがわかってきます。パッケージ型ユニットによる道徳科授業を構想する前提は子どもの主体的学びを柔軟に促す学習プロセス展開なのです。

　パッケージ型ユニットでの学習プロセスは，課題探究型授業構想となりますので，大まかに「ステップ①テーマ確認と本時の道徳学習課題設定」⇒「ステップ②協同思考活動による共通解形成による望ましさの共有」⇒「ステップ③望ましさとしての共通解をもとにした個としての納得解の紡ぎ」⇒「ステップ④自己を高めるための新たな道徳学習課題の検討」で構成されます。

❶ テーマの確認と本時の道徳学習課題設定

　教科学習では，単元名や各時間で何を学ぶのかという学習テーマを明示するのが一般的です。同様に，道徳科でも「今日から『いのち』について考えていきましょう」と学習の視点を明示するのは教師の大切な役割です。

　次に，協同思考活動を通じて価値について探究するための道徳学習課題を設定します。小学校低学年や中学年であれば，生活経験の想起から「本当の友達とはどんな関係か考えよう」といった設定ができます。また，小学校高学年や中学生であれば，授業への方向づけ後に教材提示して教材中の道徳的問題から「大劇場出演を断った手品師は男の子に手品を演じながら，心の中でどんなことをつぶやいているのだろう」といった主題のねらいに迫る中心発問と重なる，より具体的な学習課題設定が可能です。

❷ 協同思考による課題探究で共通解を形成し望ましさの共有をする

　個の価値観形成において必須なのが，多面的・多角的な視点からの論理的

思考を可能にする協同思考活動です。教師の発問に拠る受動的な活動より，共通課題として設定した道徳学習課題についての探究活動の方が主体的かつ能動的な協同思考となります。そして，そこで導き出した共通解としての「道徳的望ましさ」は誘導されたり，押しつけられたりしたものではありません。「頭が働き，心が動く道徳的学び」とは，こんな授業でしょう。

❸ 望ましさとしての共通解をもとにした個としての納得解の紡ぎ

共通解としての「道徳的望ましさ」形成だけに留まったら，それは個の道徳的価値実現への意志力形成という面では不十分です。道徳科で求められる実効性の伴う道徳性というのは，その実現への見通しやそのために必要とされる道徳的スキルも含めてのことです。道徳的価値実現を目指そうとする資質を育んでいくためには，それと平行してそこで必要とされる道徳的スキル形成まで意図していく必要があります。自分事としての納得解の紡ぎとは，そんな具体性に裏打ちされた価値実現のための意志力形成プロセスです。

❹ 自己を高めるための新たな道徳学習課題の検討

子どもの道徳性の育みとはトータルなものです。1時間の点としての道徳的学びをつないでパッケージ型ユニットとしての線や面を形作っていくためには，テーマとしての継続性ある道徳学習課題を子どもの内面に意識化させることが重要です。だからこそ，次時の学習課題を検討するのです。

ポイント

①子どもにとって日常的必然性があり，具体的な道徳的学びのイメージが伴うパッケージ型ユニットを構成する。
②教師の意図する発問が自ずと生ずるような具体的学習課題設定をする。
③テーマを貫く道徳学習課題設定⇒協同思考による共通解形成と共有⇒個の納得解の紡ぎ⇒新たな道徳学習課題の主体的な検討をする。

（田沼　茂紀）

APPROACH 9

パッケージ型ユニットの実践

1 アプローチの魅力と授業のねらい

❶ パッケージ型ユニットの魅力

　パッケージ型ユニットの最大の魅力は，子ども一人ひとりの課題意識を大切にした道徳学習プロセスであるという点です。複数時間をユニット化していくことで，1主題1時間の授業よりもより子ども一人ひとりの課題意識に合った道徳の学習を進めることができます。

　人間の道徳的行為は，「小学校学習指導要領解説　特別の教科　道徳編」にも「具体的な状況で道徳的行為がなされる場合，「第2　内容」に示されている一つの内容項目だけが単独に作用するということはほとんどない」（p.22）と示されている通り複雑で，その課題解決に必要な道徳的価値観も人によって様々です。したがって，一つのテーマについて学級全体で複数の道徳科授業を通じて多様な面から考えていくことができるところが，パッケージ型ユニットの魅力であると考えています。

❷ 本ユニットのねらい

　本ユニットは，パターン②「テーマに即して異なる価値内容を組み合わせて複数時間ユニットを組む」です。テーマは「自分の『夢』について考えよう」として，4時間のユニットを考えました。

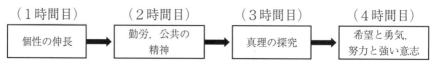

卒業を間近に控えた第6学年での実施であるため、将来の夢を叶えるための心のもち方についてだけでなく、夢に向かって努力することそのものについて考えを深めることができるようにユニットを組みました。

2 教材の概要（あらすじ）

本ユニットで使用する教材は、次の通りです。

時	内容項目	教材名（出版社）	あらすじ
1	A 個性の伸長	「私は私らしく」（文渓堂）	幼い頃から昆虫の絵を描くことが好きだった熊田千佳慕は、大好きな昆虫の絵を描き続けて昆虫画家になった。
2	C 勤労、公共の精神	「すあしにサンダルの天使――マザー・テレサ」（光文書院）	貧しい人のために働きたいと思っていたテレサは、すべての人が幸せになれるように誰にでも愛情を注ぎ働いた。
3	A 真理の探究	「まんがに命を」（東京書籍）	自分の手でアニメをつくりたいと思っていた手塚治虫は、工夫を凝らし、日本初のテレビアニメを生み出した。
4	A 希望と勇気、努力と強い意志	「夢」（東京書籍）	プロ野球選手になるという「ぼく」の夢は実現しなかったが、努力してきたことで自分をより高めることができた。

1時間目〜3時間目では、夢に向かう主人公の生き方について書いている教材を選び、「夢」について多様な視点から考えることができるようにしました。そして、4時間目では夢が実現しなかった主人公の生き方から、夢の実現に向けた努力の大切さを考えることができるようにしました。

3 授業の実際

4時間目の授業について紹介します。

❶ テーマの確認と本時の道徳学習課題設定

これまで「夢」について考えてきたことを話題にし、「夢」の実現に向け

て大切にしたいと感じていることを伝え合います。その後，教材文を読み，主人公の生き方の中で，「なぜ（道徳的行為が）できたのだろう」，「あのときどんなことを考えていたのだろう」という疑問を出し合います。子どもからは「なぜ主人公は夢が実現しなかったのに，すがすがしい気持ちになったのか」という疑問が出されました。そこから，道徳学習課題を話し合い，「『ぼく』が夢をあきらめてもすがすがしい気持ちだった理由を考えて，夢の実現に向けて努力するための生き方のヒントを見つけよう」と設定します。

❷ 協同思考による課題探究で共通解を形成し望ましさの共有をする

　子どもたち自身が協同で道徳学習課題を追究していくという意識を維持させるためには，協同で学習課題を設定することに加えて，小学校では話し合い方の工夫も効果的であると考えています。工夫の一つとして筆者は，「生き方探偵社」と名づけた話し合い活動を行っています。

　これは，前述の道徳学習課題の前半部分である教材の主人公の生き方について全員で共通解を目指して追究する話し合い活動です。追究課題「なぜ『ぼく』は夢をあきらめてもすがすがしい気持ちだったのか」を探偵社に依頼されたものとすることで，「生き方探偵」である全員で答えを見つけていく必要感をもたせるという効果をねらっています。

　「生き方探偵社」の話し合いは，①個人調査→②全体会議→③調査報告という順で進めます。まずは，「個人調査」で追究課題についての自分の考えを各自がもちます。このとき，一人で考えても友達と話し合ってもよいとしています。子ども一人ひとりが必要としている考えのまとめ方を選べるようにしておくことで，本当に必要感をもった話し合いとなるようにしています。

　次は「全体会議」です。机を全体で向かい合うように移動し，子どもたち主体の話し合い活動を始めます。各自の見つけた理由を発表し合った後，みんながより納得できる考えを求めて話し合いを深めていきます。本時では，個人から「全力を出し切ったから」「プロ野球選手は自分の道ではないと納得したから」「新しい夢が見つかったから」等の考えが出されました。そし

て，共通解を目指して話し合いを進めていく中で，「なぜ全力を出したからあきらめられるのか。自分だったら悔しい」という質問が出され，その質問についてさらに話し合いを深めることで，「それまでに自分の全力を出し切ったからこそ，自分には向いていないと納得ができた」という考えに全員が納得できました。そこで，「『ぼく』は，自分のこれまでの努力についてどう思っているのだろう」と問うと，「夢は叶わなかったけど，努力したことで自分の力がつき，成長できたから，努力してよかったと思っている」「努力したことで新たな夢へとつながったから，努力は無駄ではなかったと思っている」という考えが出され，夢に向かって努力すること自体の価値を全員でとらえることができました。

❸ 望ましさとしての共通解をもとにした個としての納得解の紡ぎ

共通解を得たあと，「主人公の生き方から，今の自分に必要だと思った生き方のヒントをまとめましょう」と投げかけました。「生き方のヒント」とは，それぞれの子どもがとらえる納得解です。本時では，「全力で努力することを大切にして，夢が叶わなくても自信をもって生きていきたい」「全力でがんばっていくことで，自分に合った夢が見つかるかもしれないから，全力でがんばりたい」という一人ひとりの「生き方のヒント」を見つけていきました。

4 まとめ

「自分の『夢』について考えよう」というテーマのもと，パッケージ型ユニットを組むことで，子どもは「夢」をより現実的に考えることができるようになってきたと思います。現実的に考えることができるということは，より自分の身近に引き寄せて自己の将来を考えることができるようになったということです。子どもの課題意識を大切にして道徳の学習を進めていくことが，自己の生き方をより深く考えることにつながると実感しました。

（尾崎　正美）

APPROACH 9

パッケージ型ユニットの実践

1 アプローチの魅力と授業のねらい

❶ パッケージ型ユニットの魅力

　パッケージ型ユニットの魅力は，重点指導テーマの学びを深めたり，大きなテーマに向かって多面的・多角的に指導したりすることができるという点にあります。数時間の学びを有機的に関連づけていくことで，たしかな課題意識のもと，より深く効果的な学びが期待できます。

❷ 本実践のねらい

　本実践は，パッケージ型ユニットを活用した複数時間の授業を通して，「思いやりと感謝」について段階的に考えを深めることをねらったものです。
　「感謝」と一口に言っても，その内容には段階と深まりがあります。そこで，身近な題材から出発して段階を踏んで次第に視野を広げていくことができるように，3時間の教材を以下のように配列しました。

| 自分と他者 → 感謝の表し方 → 自分と地域・社会 | ①自己を取り巻く家族や身近な人々の善意に気づき，感謝の気持ちを素直に伝えようとする心情を育てる。
②自分の心の満足ではなく，相手の思いやりや配慮を感謝の中心に置き，相手の気持ちを大切に行動しようとする態度を育てる。
③自分たちの生活が多くの人々に支えられていることに気づき，受けた恩恵を地域や集団の一員として社会に還元していこうとする心情を育てる。 | 「感謝」について考えよう ↓ |

144

2 教材の概要（あらすじ）

①「春樹が朝，目覚めて考えたこと」『中学生の道徳　道しるべ1』正進社
　法事で不在の母に代わり，家事に奮闘する春樹。「当たり前」だと思っていたことが「ありがたい」ことだったと気づきます。

②「見返りを求めない／押しつけない」『あなたにありがとう。』松浦弥太郎
　PHP研究所
　エッセイ集からの抜粋。感謝の心は思いやりの心と表裏一体。感謝を表すときに自己中心的であってはならないと気づかされます。

③「スズランに『ありがとう』をこめて」『明日をひらく1　岩手県版』東京書籍
　小学校の行事として受け継がれる「すずらん訪問」。中1の由樹は，訪問当日，スズランの収穫に精を出す家族のことや体験を興奮気味に話す小学生の妹の様子に疎外感を感じます。しかし，高齢の体でスズランを摘む祖母の姿や父の言葉から，地域に根付いた行事の本当の意義と向き合っていきます。

3 授業の実際（第3時を中心に）

❶ 第1時～第2時

①「母への言葉」を考え役割演技で発表します。素直な感謝の言葉が多く出されましたが，さらに一押しして「実際は言えるのか？」「なぜ言えないのか？」と問います。文中の「家族のことになると感謝の気持ちは遠くなってしまうのか」という思いに注目させ，じっくりと意見交流させました。

②書の穴埋め（「のに」）を導入に，『見返りを求めない』を読み，「自分の幸せとして人に親切にする」ことについて考えさせました。『押しつけない』では，最後の数行を切り離して提示しました。感謝は思いやりとつながっていることに気づかせ，自己満足にならぬように，という筆者の主張を共有しました。

相田みつを著
『一生感動一生青春』
（文化出版局刊）より
© 相田みつを美術館

❷ 第3時 導入

　「感謝について考える」の3時間目であることを確認し，理解が深まっていくイメージを，時間ごとに大きくしたハートマークで共有しました。前時までの学習を振り返り，身近な人へ感謝の念を素直に表すことの大切さや，相手を思いやる中でこそ感謝の心が伝わることなどを想起させます。

❸ 第3時 展開

　展開では，まず由樹の変容に注目させ，「去年は自分も訪問に参加して『ありがとう』と言ってもらったのに」と自己中心的に考えていた由樹が，「私も来年何か手伝ってみようかな」と言うようになったのはなぜかを問います。父や祖母の言葉から『すずらん訪問』に込めた地域の人々の思いを考えさせ，「感謝を表すのに，なぜ『すずらん訪問』なのか」と問います。災害支援への感謝ならば支援者に返したりほかの被災地を支援したりするのが自然ではないのか，地域で行事を受け継いでいくのはなぜかを考えさせました。最終的に「支援への感謝を忘れないシンボルとして受け継がれている」ことや，「多くの支えにより自分が生かされているという心を共有する文化として地域に根付いている」という意義を確認しました。その際，小グループでの意見交流のあと全体交流へとつなげ，活発な意見交流をねらいました。

> **ポイント**
>
> 　生徒は，「支援への感謝を訪問に込めている」「歴史的にこの行事を大切なものと考えている」という共通解へは比較的スムーズにたどりつく。しかし，それは表面的な理解に過ぎない。「なぜ地域行事が『感謝』といえるのか」「感謝の相手が違うのではないか」と切り込んでいくことで，生徒の思考を刺激し，より深い納得解へと掘り下げていくきっかけとすることができる。難易度の高い問いだが，パッケージ型ユニットにより複数時間の学習を重ねることにより，より高く深い価値に気づくためのレディネスを高めることができる。

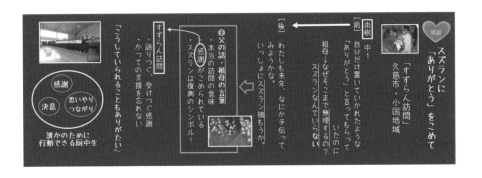

❹ 第3時 終末

　終末では，本校で東日本大震災を機に新しい伝統として取り組んでいる「太鼓」の成り立ちを紙芝居形式で紹介し，そこに込められた「感謝」の念について共有しました。ここでは，各学校におけるボランティア活動や地域行事などと関連づけ，本時の「感謝」の姿を自分事としてとらえさせることが大切です。

　最後に，ここまで学んできた「感謝」について，3時間を振り返って自分の考えを学習シートに書き，自己評価を記入して学習のまとめとしました。

4　まとめ

　パッケージ型ユニットは，あるテーマについて段階を追って深めたり，多面的・多角的に迫ったりする際に非常に有効です。留意したいのは，単なる複数時間の積み上げではなく，各単位時間が納得解を得られる深い学びになっていることが大前提であるということです。教材配列の工夫と同時に各時間の指導の充実を図ることが，効果的活用のポイントです。必然性のあるテーマのもと，仲間とともに考え議論したことを，具体的な行動につなげていけるような実践を目指していきたいものです。

（及川　仁美）

APPROACH 10

ウェビングを活用した道徳授業の理論

1 ウェビングを活用した道徳授業とは

❶ ウェビングとは

「ウェビング」(マッピング)とは「思ったことや考えたことを短い言葉で表し,さらにその言葉からイメージする言葉・考えを発展させたり,つないだりするものです。思いや考えを図で表現する手法」です。インターネットの用語として使われる「ウェブ」は,world wide web の略ですが,もともと web は「クモの巣」を意味します。つまり,webbing はクモの巣のように思考やイメージを張り巡らす手法なのです。

❷ ウェビングの長所と短所

ウェビングは,これからの道徳授業,特に高学年以上の児童生徒には有効かつ必要な手法です。ウェビングは問題解決に役立ちますし,多面的・多角的思考力と意思決定力の育成にもつながります。

ウェビングの長所としては,①短い言葉で簡単に表現できる,②様々な角度から考えられる,③考えをつなぐことができる(思考の関連・発展),④可視性に優れる,⑤思考のプロセスがわかりやすい(思考の「見える化」),⑥加筆ができる,⑦自己評価の材料となる,⑧発言が少ない子も取り組みやすい,等です。その他,⑨「子どもたちの思考ツール」にある(教科等でも活用),⑩実生活でも活用できる,等も挙げられます。

短所としては,①(教師も子どもも)やり方に慣れる必要がある,②向いていない教材がある,③板書の仕方に慣れる必要がある,等が挙げられます。

当たり前ですが，教師が「ねらいの達成のために」目的をもって活用することが重要です。

❸ 拡散的思考を深めるために

　ウェビングは，そのイメージを「広げる」場合に活用しやすく，多面的・多角的思考を促す手法です。しかし，様々な立場や角度から考えることは，思考が拡散してしまうことにもつながります。そこで，「深めるための視点」をもつことや「深めるための発問」が必要となります。

　たとえば，友達の立場に立って考えを巡らせたとき，「では，その友達ならどう受けとると思いますか？」「どの選択が終わった後に自分も周りもすっきりするでしょう？」等，考えるポイントを絞るのです。そこから，話し合いはさらに深まります。

❹ ウェビングを活用した授業の基本構成について

　ウェビングを活用した基本的な授業構成は，以下のとおりです。

---

①教材を提示し，問題場面をつかむ。
②自分の考えをウェビング（図）で表す。（ワークシート）
③ウェビングした中から一次決定をする。（ワークシートに印をつける）
④全体で話し合い，教師が黒板にウェビングで発表を整理する。
　（児童生徒は加筆可）
⑤板書されたウェビング全体を見渡し，気づかなかった考えやよいと思った意見を話し合う。
⑥その行動をとった後の自分の気持ちを考えて，二次決定をする。
　（ワークシートに印をつける）
⑦全体について話し合い，授業を振り返る

　では，実際の教材をもとにした授業からその方法を説明します。ここでは

小学校中学年の「定番教材」である「絵はがきと切手」をもとに授業のねらいや展開方法，深めるための発問等について，述べていきます。

2 授業のねらい

「絵はがきと切手」（出典：「道徳の指導資料とその利用３」文部省）は，転校した友達から届いた絵はがきの料金不足を，本人に言うか，言わずにそのままにするか迷う話です。兄は「伝えた方がよい」と言い，母親は「お礼だけにしたら」と言います。そのなかで主人公はどうしたらよいのかを様々な視点から考えることを通して，「本当の友達とは何か」等，「友情」について考えることをねらいとしています。

3 授業プランの基本パターン

❶ 事前準備

　国語や総合的な学習の時間等，ほかの教科等でウェビングやマッピング等，図で考えをつないだり，広げたりする学習をしておくとよいでしょう。両面から考えさせるワークシートや登場人物の絵，キーワードの短冊を用意します。問題場面の確認・整理に役立ちます。

❷ 導入

　今回は「友達」がテーマですので，「友達ってどんな人？」「友達だから言いにくいことは？」等，日常場面を想起させるようにします。

❸ 展開

①教材を提示して，問題場面をつかむ

　教材を配布せず，教材を読みながら，場面の状況を黒板で整理します。ここではお兄さんの「教えてあげたほうがいい」とお母さんの「お礼だけ書

く」をキーワードとして板書しました。子どもたちは友達からの絵はがきが料金不足であった状況と，兄と母親の意見を理解しました。
②ワークシートに自分の考えをウェビングで表す
　料金不足を友達に「言う」か「言わない」か，両面から考えて記入します。時間は3分〜5分程度。最後まで書けていなくても時間で切ります。ワークシートへの書き込みは「心のメモ」と位置付けています。
③ウェビングをした中から，一次決定をする
　次に，自分で考えたいくつかの理由の中から，行動と特に強い理由を選択し，ワークシートに〇印をつけます。（例：相手を傷つけたくない等）
④全体で話し合い，教師が黒板にウェビングで発表を整理する
　記入したワークシートをもとに発表をさせます。友達の意見で「いいね」と思ったものは加筆してよいことを確認します（色を変えて書くとあとでわかりやすい）。「言う」では「次に同じまちがいをしないように」「正直に教えるのが友達」等の意見がでました。「言わない」では，「言ったら嫌われるかも」「相手を傷つけたくない」「文句を言っているみたい」等の意見がでました。
　ここで，ウェビング全体を見渡し，気づかなかった考えやよいと思った意見を話し合いました（考えをまとまりごとに「見出し」をつけてもよい。例：正子さんへの思いやり等）。「自分にない視点の意見があった」等のほか，「どちらも相手のことを考えて悩んでいる」ことに気がつきました。
　そこで，「では，送った正子さんはどうしてほしいのだろう？」と聞きました（視点の転換）。すると一瞬，うっと考えた子どもたちからでたものは「言ってほしい」が多く，せっかく送ったのだから「言ってほしくない」と考える子もいました。
⑤その行動をとった後の自分の気持ちを考えて，二次決定をする
　その後，「その行動をとった後の気持ちも考えて，もう一度，どうするか決めましょう」と発問し，ワークシートに意思決定をさせました。行動後の気持ちを考えさせることで選択が自分にとっても相手にとってもよりよいも

のになるように意識させます。

❹ 終末

　全体で授業を振り返りました。子どもたちからは「はじめは言わない方がよいと思っていたけど，逆の立場に立って考えるとやはり言ってもらったほうがよいと気づいた」「友達だからこそ，正直に言うことがいい」「悪いことでもちゃんと話せるのが友達だ」等の発表がありました。ウェビングを活用して両面から考えることと「正子さんはどうしてほしいと思うだろうか」と立場を変えた発問により，自分が友達に対して，何を大切にしていきたいのかを考えることが一段深まった実践でした。

> **ポイント**
> ・両面から考えさせること。
> ・ワークシートは「心のメモ」。加筆ありで。
> ・その行動をとった後の気持ちを考えて，最後の意思決定をすること。

　板書は，左側に教材の問題場面の状況がわかるように，登場人物の絵を貼ったり，キーワードを書いたりします。中央に主人公の絵を貼り，「言う」「言わない」への子どもたちの意見を板書します。意見は短くまとめて書き，関連しているものはつなぎます。どちらの理由にも友達を思う心が見えます。

ワークシートは右の通り。加筆は青で，一次決定は赤で囲んでいます。最後に，「逆の立場で考えたら，正直に話すほうが自分も相手もいいです」と考えが変わりました。

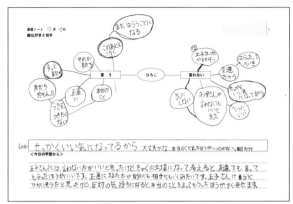

4 授業のポイントと留意点

❶ 深める発問や視点を変える発問を準備すること

ウェビングで広がった考えを絞り，深めるための発問が必要です。本時では「正子さんはどうしてほしいの？」「その行動をとった後の気持ちを考えて選択して」がそれです。このような立場を変える発問や，先を見通して考えを深める発問を準備しておきましょう。

❷ 板書は自分の思いを下段，相手や周囲を考えたものを上段に

「板書が難しそうだ」との感想を聞くことがあります。しかし，基本として，自分の思いを下段，相手や周囲を考えたものを上段と決めておくと比較的スムーズに整理できます。困ったら，子どもたちにどこに書くか聞きます。

❸ 留意点

ウェビングは，あくまでも多角的思考を促す手法の一つです。その時間の道徳的ねらいを明確にもって取り組んでください。

（土田　雄一・松田　憲子）

APPROACH
10

ウェビングを活用した道徳授業の実践

1 ウェビングを活用する魅力とポイント

❶ 小学校におけるウェビングの魅力

　ウェビングを活用することによって，小学校でも「多角的・多面的に考える力」や「道徳的判断力」を育むことができます。

　ウェビングを活用すると，小学生でも短時間でワークシートに書きこむことができるとともに，一つの考えからいろいろな方向に考えを広げていくことができます。小学生ではややもすると自分の考えに固執しがちです。しかし，ウェビングを活用し，葛藤場面で迷う主人公の気持ちを考えることで，主人公の悩みをいろいろな角度から広く考え，とらえることができるのです。

> **ポイント**
> ・ワークシートは，主人公の立場で迷う気持ちを両面から考えさせる。
> ・最初に個人でワークシートに記入する時間は5分程度とする。ウェビングの数が少なくても，話し合いで広げることができる。
> ・話し合いの中で，相手の気持ちについても発問し，考えを深める。
> ・友達の意見から，良いと思った考えはワークシートに加筆させる。

❷ 本時の授業のねらい

　学君の葛藤を，仕事への責任，1年生を心配する気持ち，叱られることへの心配など，様々な角度から考え，自分にとっても他者にとってもよりよい意志決定をすることができる。（責任・思いやり）

2 教材の概要（あらすじ）

5年生の4月，学君は念願の放送委員になりました。しかし先週，昼の放送当番に遅れ，6年生に注意を受けました。今週こそはと急いで放送室に行く途中，1年生が絵の具の水をこぼしていました。担任の先生もいません。洋服を濡らし，泣きそうな顔で立ち尽くす1年生，しかし放送時間は迫っています。学君は助けようか，放送室に行こうか迷ってしまいました。

3 授業の実際

この授業は，5年生を目前に控えた4年生の3月に実践しました。5年生からの委員会活動は学校全体の中で責任を果たす仕事で，4年生にとっては緊張を覚える内容です。責任と思いやりの間で，子どもたちに自分だけでなく，他者にとってもよりよい判断について考えさせることをねらいました。

❶ 問題をウェビングを活用して考え，自分ならどうするか一次決定する

教材をもとに，自分と主人公を重ねて悩んでいる理由を考えました。「1年生が困っている」「かわいそう」という「助ける」思い，「先週も遅れた」「6年生に怒られる」という「助けない」思い等，主人公の気持ちをワークシートに両面からウェビングをしながら書き表しました。その後で，「助ける」か「助けない」か，最も中心となる理由に印をつけ，一次決定しました。

❷ 全体で主人公の気持ちを話し合う

主人公の気持ちを両面から話し合いました。一次決定について問うのではなく，主人公の迷っている心にどんな気持ちがあるのか話し合います。「今週も遅れたら6年生に怒られる」「6年生に迷惑がかかる」「放送を待っている人にも迷惑だ」と，1人では気づかなかった点にも考えが広がりました。

「自分が1年生なら助けてほしい」という「助ける」思いは，「隣の先生を呼んだら早く助けられるし，迷惑もあまりかからない」「説明すれば6年生にもわかってもらえる」と，具体的方法にも及びました。

❸ 意思決定した行動をした後の気持ちを考えて二次決定し，黒板のウェビングにネームカードを貼って示す

　話し合ったあと，黒板のウェビングを見渡し，どんな思いがあるのか整理しました。「6年生に怒られるかも」という自分のこと，「かわいそう」「困っている」という相手のこと，「みんなのための仕事」という全体のこと等，迷う中には様々な気持ちがあることを整理しました。そのうえで「自分ならどうするか」を「その後の気持ち」を考えて二次決定し，ワークシートに記入しました。子どもたちは迷いながらも二次決定し，黒板の理由となるウェビングにネームカードを貼って示しました。

❹ 互いの意思決定を知り，その後の気持ちを聴き合う

　黒板から互いの意思決定を知り，その後の気持ちを聴き合いました。「助ける」では「ほっとした」「自分にしか助けられないからよかった」と1年生を助けられたことに安心する気持ちと，「急いで放送室に行ったから，あまり遅れなかった」等責任についても大事に思っている発表もありました。
　「助けない」では「放送はできたけど，助けても間に合ったかも」と，責任は果たしたものの，1年生を心配する気持ちについても発表があり，同じ選択をした子どもが頷く姿がありました。

❺ 学習の振り返りをする

　最後に，ワークシートに学習を振り返って考えたことを記入します。「どうするかとても悩んだけれど，自分が困っている人の気持ちになって考えることが一番大切だと思った」等，思いやりについて考えた発表にクラスが共感し，温かい雰囲気の中で授業を終えました。

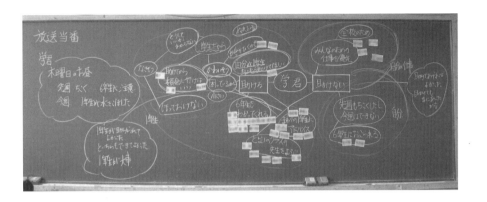

「助ける」は１年生を思う気持ちから、「助けない」は「責任」と「自分」から思いが広がりました。

二次決定は、「１年生がかわいそう」「何とか助けたい」という気持ちから、助ける方法に多くの意見が集まりました。

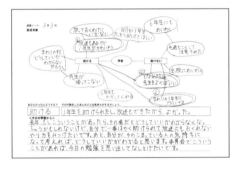

4 まとめ

子どもたちは「自分が１年生だったら」「助けてもらえなかったら」、「委員会の責任を果たすには」「果たせないとしたら」と、１年生への思いやりと委員会活動への責任の間で考え、自分の行動について意志決定しました。

ウェビングを活用し両面から考えることで、子どもたちは思考を広げることが容易になります。これまで自分がどうなるかという自分中心だった考えが、「１年生はどう思うのか」、さらに「自分が１年生ならどうしてほしいか」と他者への想像力を働かせ、相手にも自分にも周りにとってもよりよい行動を考えるなど、思いやりの心も育むことにつながりました。

(松田　憲子)

APPROACH
10

ウェビングを活用した道徳授業の実践

1 ウェビングの魅力と授業のねらい

❶ 中学校でのウェビングの魅力

　ウェビングは、多面的・多角的思考を促す最適の手法です。中学生は客観的思考力、批判的思考力が発達する時期であり、物事を様々な角度から考えることができるようになります。その発達段階に適した手法ですし、生徒自身がこれまでほかの教科等で活用している手法である点もおすすめです。ウェビングを道徳で活用することは他教科や実生活へとつながるものなのです。中学生は思春期で友人関係、進路等、様々な悩みを抱える時期です。ウェビングでその悩みを整理し、解決の手がかりとすることができる手法です。「する」「しない」(「賛成」「反対」) 等、両面から考える点も対立を軽減する効果があり、おすすめです。(本実践は1年生で「飛び込み」での実践)

❷ 授業のねらい

　ねらいは「様々な視点で物事を考え、思いやりの気持ちをもった言動を身につける」ことです。主人公の立場で問題を考え、「自分にも周りにもよい言動を考える」ことは、日常生活をより円滑にすることにつながります。

> **ポイント**
> ・(自分と違う思いであっても)「言う」「言わない」の両面から考えさせる。
> ・視覚的に状況がわかりやすいように板書を整理する。
> ・ウェビングは短い言葉で。友達の意見から「加筆あり」を確認する。
> ・「問い返し」で相手の立場で考えさせる。

2 教材の概要（「白玉しるこ」あらすじ）

（前半）主人公のちひろがお母さんの誕生日を祝うために，家族でファミレスを訪れたときの話です。デザート付きのコースで「フルーツあんみつ」と「白玉しるこ」で悩んだちひろは結局「フルーツあんみつ」に決めます。しかし，実際に運ばれてきたデザートは「白玉しるこ」だったのです。ちひろは，店員に間違いを言うかそのままにするか困ってしまいます。（後半は後述）

3 授業の実際

❶「口演法」で教材を読みながら進める（問題場面の把握）

簡単な内容の教材なので，教材を配布せずに読みながら，主人公の絵や短冊を活用して状況を確認します。店員が運んできたデザートが注文した「フルーツあんみつ」と違うことがわかったときどうするか，考えさせました。

❷ ウェビングを活用して問題を両面から考え，一次決定をする

「ちひろはどんなことを考えていたでしょう？」と発問し，ワークシートにウェビングで記入。このとき，2〜3人に考えを聞いて，「言わない」「こっちも好き」等，板書をするとウェビングに慣れていない生徒もやり方の確認ができます。自分の初めの判断（思い）と違っていたとしても「言う」「言わない」の両面から考えさせるのがポイントです。時間は3〜4分程度。そして，どの理由でどの行動を選択するか，第一次の判断をさせました。

❸ 全体で考えを共有しながら検討する

その後，全体でワークシートに書いた内容を共有します。生徒からは「言わない」の理由として，「はずかしいから」「こちらも好きだから」等，自分の気持ちを中心としたものや「もったいない」等，資源を大切に考えたもの，

「店員に悪い」「（誕生日の）雰囲気を壊す」等の店員・家族等，自分以外の人たちを考えた理由がでました。「言うとしたらどんな理由かな？」と聞くと「せっかく決めたから」「頼んだものが食べたい」等の自分の気持ちを中心とした理由のほか，「間違いを繰り返さないために教える必要がある」等，店員のための理由がでてきました。さらに「ほかのお客さんのものかもしれない」という意見がでると周囲からは「なるほど」という声が聞かれ，自分の考えになかったことに気づいた生徒もいました。

❹ 板書で意見をカテゴリーごとに整理し，二次決定をする（板書参照）

　板書の内容を「自分」「店員」「お客さん」「家族」「資源」等に分類整理しました。選択理由の視点が視覚的にわかりやすくなります。その結果，「どちらにも『店員』のためがあるけど，店員さんは言ってほしいのかな？　言ってほしくないのかな？」と問い返しました。すると，「内緒にしてほしい」気持ちもあるが，「店の信用を考えると……」等の末，「ほかのお客さんのものかもしれないし，後でわかるより，ちゃんと言ってほしい」という考えに頷く生徒が多くいました。ここで，「もう一度，自分ならどうするか決めましょう」（二次決定）をし，その理由を簡単に交流し合いました。

❺ 教材の後半から「動作化」をする（行動化・模擬体験）

　さらに，教材に戻って模擬体験をしました。教材の後半は，「兄がちひろに代わって店員呼び出しボタンを押す」展開です。班の中から席順にちひろ役，店員役，家族役を割り当て，店員がやってくる場面を班ごとに再現。生徒たちは笑顔の中にも真剣に取り組みました。「けっこうどきどき」「Aさんの言い方がよかった」等，体験するよさを感じた発言がありました。最後に，その言動は自分の気持ちや店員さんや家族のことなどを考えた上でのもので，「思いやり」「心配り」等の大切さに気づいたという生徒の発表でまとめました。

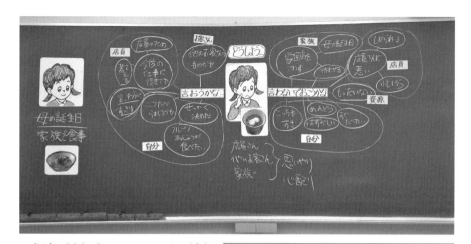

板書(上)とワークシート(右)です。このクラスではウェビングは初めてでしたが,生徒たちは自分にない視点にも気づくことができました。

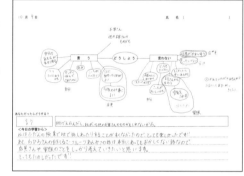

4 まとめ

　本実践は,初対面の生徒たちとの授業でしたが,生徒たちも楽しく学ぶことができたようです。身近な内容の教材に加え,初めてのウェビングを取り入れた授業で,「自分にない考え」にふれたり,後半に「動作化(模擬体験)」を入れたりしたことで,大きな刺激を受けたのではないでしょうか。また,模擬体験では,思っていることを伝える難しさを感じた生徒も多くいました。「似たようなことがあったら,この学習を生かしたい」等の振り返りにあるように,実生活にも生きる授業となってほしいと願っています。(土田　雄一)

【執筆者紹介】（執筆順）

諸富　祥彦	明治大学教授	
森　　美香	千葉県千葉市立犢橋小学校	
伴野　直美	三重県四日市市立羽津中学校	
髙島英公子	富山県高岡市立定塚小学校	
齊藤　　優	千葉県千葉市立貝塚中学校	
林　　泰成	上越教育大学教授	
田原　早苗	新潟県糸魚川市教育委員会	
安中　美香	新潟県柏崎市立第五中学校	
荒木　紀幸	兵庫教育大学名誉教授	
堀田　泰永	石川県宝達志水町立相見小学校	
荊木　　聡	大阪教育大学附属天王寺中学校	
押谷　由夫	武庫川女子大学大学院教授	
神尾　祝子	前・千葉県千葉市立本町小学校	
神馬　侑子	千葉県千葉市立小中台小学校	
石黒真愁子	埼玉県さいたま市立大門小学校	
伊藤　啓一	金沢工業大学名誉教授	
井尾　雅昭	石川県白山市立朝日小学校	
相馬　敦史	秋田県横手市立平鹿中学校	
松下　行則	福島大学教授	
渡邉　　拓	福島県平田村立小平小学校	
原　　徳兆	福島県郡山市立郡山第一中学校	
渡辺　弥生	法政大学教授	
藤枝　静暁	埼玉学園大学教授	
小林　朋子	静岡大学教授	
田沼　茂紀	國學院大學人間開発学部長	
尾崎　正美	岡山大学教育学部附属小学校	
及川　仁美	岩手県盛岡市立厨川中学校	
土田　雄一	千葉大学教授	
松田　憲子	千葉県子どもと親のサポートセンター	

【編著者紹介】

諸富　祥彦（もろとみ　よしひこ）

筑波大学大学院博士課程修了。教育学博士。千葉大学教育学部助教授を経て，現在，明治大学文学部教授。
著書に『クラス会議で学級は変わる！』『すぐできる"とびっきり"の道徳授業』『ほんもののエンカウンターで道徳授業』（明治図書）『教師が使えるカウンセリングテクニック80』『「問題解決学習」と心理学的「体験学習」による新しい道徳授業』『教室に正義を！　いじめと闘う教師の13か条』『教師の悩みとメンタルヘルス』（図書文化）ほか
http://morotomi.net/

道徳科授業サポートBOOKS

考え，議論する道徳科授業の新しいアプローチ10

2017年7月初版第1刷刊	ⓒ編著者	諸　富　祥　彦
2018年1月初版第3刷刊	発行者	藤　原　光　政
	発行所	明治図書出版株式会社

http://www.meijitosho.co.jp
（企画）茅野　現　（校正）宮森由紀子
〒114-0023　東京都北区滝野川7-46-1
振替00160-5-151318　電話03(5907)6701
ご注文窓口　電話03(5907)6668

＊検印省略　　組版所　株式会社明昌堂

本書の無断コピーは，著作権・出版権にふれます。ご注意ください。

Printed in Japan　　ISBN978-4-18-160845-3
もれなくクーポンがもらえる！読者アンケートはこちらから　→

個性あるワークシートで道徳科の授業を始めよう！
すぐできる"とびっきり"の道徳授業2

ワークシートでできる「道徳科」授業プラン

諸富祥彦・他 編著

● B5判
● 小学校
　128頁／本体2,200円＋税
　図書番号2447
● 中学校
　112頁／本体2,160円＋税
　図書番号2448

教科化で「考え、議論する道徳」への転換が求められていますが、具体的にはどんな授業を行っていけばよいのでしょうか。本書では、明日の授業ですぐにできるとびっきりの授業プランをワークシートつきで紹介します。

新学習指導要領のねらいを具体化するパーフェクトガイド

平成28年版

新学習指導要領の展開
特別の教科　道徳編

小学校　永田繁雄 編著
中学校　柴原弘志 編著

● A5判
● 208頁
● 本体1,900円＋税
● 小学校：図書番号2711
● 中学校：図書番号2731

新学習指導要領の内容に沿いながら、教科書や評価といった道徳改訂のキーポイントについて詳しく解説。また、内容項目ごとの指導ポイントや問題解決的な学習を生かした新たな授業プランも掲載。

明治図書　携帯・スマートフォンからは **明治図書ONLINEへ**　書籍の検索、注文ができます。　▶▶▶

http://www.meijitosho.co.jp　＊併記4桁の図書番号（英数字）でHP、携帯での検索・注文が簡単に行えます。

〒114-0023　東京都北区滝野川7-46-1　ご注文窓口　TEL 03-5907-6668　FAX 050-3156-2790

＊価格は全て本体価表示です。

道徳教育　話題の新刊！

ほんもののエンカウンターで道徳授業

諸富　祥彦　編著

小学校編
B5判・116頁
本体2,200円+税
図書番号：1169

中学校編
B5判・120頁
本体2,200円+税
図書番号：1170

「エンカウンターの形だけを真似をした道徳授業が多く、これではねらいを達成できない」と編者は現状に警鐘を鳴らす。エンカウンターを生かしたとびっきりの道徳授業を数多く紹介。

J-POPで創る中学道徳授業

柴田　克　著

B5判・120頁・本体2,060円+税　図書番号：1168

J-POPで道徳とは、歌詞を資料にした道徳授業です！　本書では、ケツメイシの「仲間」やミスチルの「GIFT」、さだまさしの「償い」などを活用した事例を紹介。思春期の中学生が「今度の道徳は何をやるの？」と聞いてくるほど夢中になる授業を大公開です！

明治図書　携帯・スマートフォンからは　**明治図書ONLINEへ**　書籍の検索、注文ができます。▶▶▶

http://www.meijitosho.co.jp　＊併記4桁の図書番号（英数字）でHP、携帯での検索・注文が簡単に行えます。

〒114-0023　東京都北区滝野川7-46-1　ご注文窓口　TEL 03-5907-6668　FAX 050-3156-2790

＊価格は全て本体価格表示です。

好評発売中！

1日15分で学級が変わる！
クラス会議パーフェクトガイド

諸富 祥彦 監修／森重 裕二 著

A5判・136頁・本体1,900円+税　図書番号：1864

朝の15分間を使って行うだけで、学級が変わるクラス会議。クラス会議を長年行ってきた著者が、クラス会議の導入の仕方、成功するコツ、おススメアクティビティなどを紹介。学校や保護者へのクラス会議説明プリントの見本もついた、まさにパーフェクトな解説本です！

中学校
「特別の教科 道徳」
の授業づくり 集中講義

水登 伸子 著

A5判・152頁・本体1,900円+税　図書番号：1955

「特別の教科　道徳」になったら、どんなふうに中学校の道徳授業をつくっていけばいいの!?
　本書では教材選び、指導案、発問、板書、評価など、様々な疑問にバッチリ答えます。お題日記、紙ＬＩＮＥなど、道徳授業を活性化するためのアイデアも豊富に紹介！

明治図書　携帯・スマートフォンからは **明治図書ONLINE へ**　書籍の検索、注文ができます。　▶▶▶
http://www.meijitosho.co.jp　※併記4桁の図書番号（英数字）でHP、携帯での検索・注文が簡単に行えます。
〒114-0023　東京都北区滝野川7-46-1　ご注文窓口　TEL 03-5907-6668　FAX 050-3156-2790

＊価格は全て本体価表示です。

好評発売中！

考える道徳を創る
新モラルジレンマ教材と授業展開

荒木紀幸 編著

【小学校】
図書番号2450・B5判・152頁・2460円+税

【中学校】
図書番号2451・B5判・176頁・2600円+税

教科化で「読む道徳」から「考え、議論する道徳」への転換が求められていますが、なかなか議論する道徳授業をつくるのは難しいものです。しかし、モラルジレンマ教材を用いれば、道徳的判断力を育てる白熱議論の授業ができます。新作教材を指導案付でお届け。

中学校道徳サポートBOOKS
中学校道徳
アクティブ・ラーニングに変える7つのアプローチ

図書番号2493・B5判・144頁・2100円+税

田沼茂紀 編著

教材を読み取るだけの道徳から、アクティブ・ラーニングを位置づけた道徳に変えるにはどうすればいいのか。本書では、「発問」「板書」「役割演技」など、道徳授業を変える7つのアプローチを紹介。すぐに実践できる指導案付きの授業例も満載！

―― 7つのアプローチでアクティブ・ラーニングの道徳ができる ――

アプローチ1　道徳科のテーマ設定を工夫する　／　アプローチ2　発問や話し合いで授業を変える　／　アプローチ3　板書の工夫で授業を変える　／　アプローチ4　多様な書く活動で授業を変える　／　アプローチ5　役割演技で授業を変える　／　アプローチ6　体験活動を授業に生かす　／　アプローチ7　学びの評価を授業に生かす

明治図書　携帯・スマートフォンからは　明治図書ONLINEへ　書籍の検索、注文ができます。▶▶▶

http://www.meijitosho.co.jp　＊併記4桁の図書番号（英数字）でHP、携帯での検索・注文が簡単に行えます。

〒114-0023　東京都北区滝野川7-46-1　ご注文窓口　TEL 03-5907-6668　FAX 050-3156-2790

大好評ALシリーズ、道徳編ついに刊行！

アクティブ・ラーニングを位置づけた特別の教科 道徳の授業プラン

小学校
昭和女子大学教授
元文部科学省教育課程課教科調査官
押谷由夫 編著
B5判／本体2,200円＋税
136頁／図書番号 2774

中学校
京都産業大学教授
元文部科学省教育課程課教科調査官
柴原弘志 編著
B5判／本体2,200円＋税
136頁／図書番号 2527

ALが即実践できる！

3つの視点「深い学び」「対話的な学び」「主体的な学び」とのかかわりがよくわかるアクティブ・ラーニングの事例を低・中・高学年とも内容項目に沿って紹介。評価の基本的な考え方や、ポートフォリオ評価などの評価の具体的な手立てもくわしく解説しています。

【目次】
第1章 アクティブ・ラーニングを位置づけた特別の教科 道徳の授業づくり
第2章 アクティブ・ラーニングを位置づけた特別の教科 道徳の授業プラン
第3章 アクティブ・ラーニングを位置づけた特別の教科 道徳の授業の評価

明治図書　携帯・スマートフォンからは **明治図書ONLINEへ** 　書籍の検索、注文ができます。▶▶▶
http://www.meijitosho.co.jp　＊併記4桁の図書番号（英数字）でHP、携帯での検索・注文が簡単に行えます。
〒114-0023　東京都北区滝野川7-46-1　ご注文窓口　TEL 03-5907-6668　FAX 050-3156-2790